信赖伙伴的力量

明纬如何发挥无可取代的力量，打造全球标准电源领导品牌

明纬（广州）电子有限公司 ◎ 编著

图书在版编目(CIP)数据

信赖伙伴的力量 / 明纬(广州)电子有限公司编著. -- 北京：中国纺织出版社有限公司，2023.12
ISBN 978-7-5229-0300-2

Ⅰ.①信… Ⅱ.①明… Ⅲ.①电子工业—工业企业管理—经验—中国 Ⅳ.①F426.63

中国国家版本馆CIP数据核字（2023）第018201号

责任编辑：郭　婷　　责任校对：寇晨晨　　责任印制：储志伟

中国纺织出版社有限公司出版发行
地址：北京市朝阳区百子湾东里A407号楼　邮政编码：100124
销售电话：010—67004422　传真：010—87155801
http://www.c-textilep.com
中国纺织出版社天猫旗舰店
官方微博 http://weibo.com/2119887771
北京通天印刷有限责任公司印刷　各地新华书店经销
2023年12月第1版第1次印刷
开本：710×1000　1/16　印张：15.5
字数：260千字　定价：92.00元

凡购本书，如有缺页、倒页、脱页，由本社图书营销中心调换

序
电源供应器是互相信赖的产业

明纬创办人 林国栋

20世纪80年代，中国台湾正值经济转型期，电子信息业刚起步，许多具规模的家电厂大多与国外品牌合作。明纬于1982年成立，40年来一直从事电源研发、制造、销售、服务等工作，从线性式电源供应器（Linear Power Supply）到交换式电源供应器（Switching Power Supply），从硬切换到软切换，直到现在的数字控制；从电动玩具、AppleⅡ、IBM共容性的PC用电源，到自有品牌的工业用电源，如今已发展为多产业应用的标准电源。明纬从台湾出发，在祖国大地深耕，并继续走向美国、欧洲、亚太其他国家，在营收占比超过1%的国家和地区，明纬都设立了销售服务据点。

我经常说，在明纬没有明星员工及明星产品，但有一群诚恳、踏实、尽责的团队伙伴。明纬目前有上万种机型，每年新增10%的新产品。每一种机型从市场调研、企划、设计、DVT（设计验证）、DQT（设计质量试验）、供应商评选、协力厂评选，到自动化制造、标准化训练及质量管理等，明纬及其伙伴们都是一步一个脚印务实地去完成。

如果说CPU（中央处理器）是设备的大脑，那么电源供应器就是设备

信赖伙伴的力量

的心脏。优质的电源供应器可以提供稳定的电压、电流。一次故障带给使用者的损失往往超过数倍电源供应器的价格。因此，我认为电源供应器产业是打造合作伙伴信赖关系的产业，合作伙伴之间长期的信赖关系是相当重要的，而这种信赖关系不仅体现在产品质量上，也体现在我们的员工及合作伙伴们身上。明纬通过全球经销商提供当地化服务，很多伙伴与明纬合作超过数十年，而供货商及协力厂也长期支持明纬，让我们不曾发生过缺料的情况，甚至准时完工率达到99%以上。

刚创业时我给企业取名 MEAN WELL，其含义是 Have Good Intentions（心怀善意），我从没想过公司能从当初的2.5万美元创业资本，发展到如今的10亿美元营收规模。我一直很感念伙伴们的支持，所以每隔五年明纬都会出一本纪念特刊，赠送给员工及与明纬一起打拼的合作伙伴。

最后，感谢参与本书采访的伙伴们、《天下杂志》的编辑及摄影团队，以及中国纺织出版社有限公司，因为你们的支持，才有这本书及纪录片的诞生。谢谢大家！

引 言

My friend, I'll make it clear,
I'll state my case, of which I'm certain.
I've lived a life that's full.
I've traveled each and every highway;
I planned each charted course;
Each careful step along the byway,
And more, much more I did,
I did it my way.

朋友,我会说清楚,
说清楚此生,我已了然于心的此生,那充实而无憾的此生。
我已历经每一段旅途,规划每一条该走的路,仔细踏出每一步,而每件事,填满日子的每件事,都是用我自己的方式。

——摘录自美国传奇爵士歌手法兰克·辛纳屈的名曲 *My Way* 的歌词

目录

第一部　展翅待飞

第一章　人生第一步，开始学会"平衡" ……003

第二章　成长过程，父亲身影是最难忘 ……009

第三章　走自己的路 ……017

第二部　御风而行

第四章　30年，三次机会成为全球标准电源第一名 ……029

第五章　隐形但不隐藏，信赖伙伴是冠军之秘 ……045

第六章　40年的信赖，在胼手胝足中崛起 ……055

第三部　万里翱翔

第七章　大陆伙伴：抓住改革开放契机 ……073

第八章　欧洲区伙伴：从一代到二代，与明纬共同成长 ……095

第九章　美国区伙伴：稳扎稳打，壮大品牌赢得信任 ……113

第十章　亚太区与新兴市场伙伴：进入另一阶段传承 ……129

第四部　航向未来

第十一章　深化品牌，营销更上一层楼 …………………… 147

第十二章　培养新生代团队，组织优化不遗余力 …………… 159

第十三章　逆风前行，患难最见真情 ………………………… 177

第十四章　回归善念初心，凝聚社会"向善力" ……………… 189

第十五章　凝聚大中华，放眼全世界 ………………………… 201

附录1　合作伙伴感言：互信无间，携手并进 ……………… 213

附录2　明纬成长大事记 ……………………………………… 231

附录3　明纬产品发展沿革 …………………………………… 237

第一部　展翅待飞

第二部　御风而行

第三部　万里翱翔

第四部　航向未来

明 MEAN WELL 纬
信赖伙伴的力量

第一章

人生第一步，开始学会"平衡"

信赖伙伴的力量

认识林国栋的人都知道，祖籍福建泉州的他，是个念旧、重视饮水思源的人，他曾自己发起编印族谱，极为重视伦理、传统。

儿时住板桥江翠的他，家就在河边堤岸不远处，那里刚好是淡水河、大汉溪以及新店溪的交汇处。回忆起童年那条静静流过的河水，他内心总是感受到一股属于过去的美好，那一弯清浅的自然与和谐，不时涌上他的心头。

而他毕业的板桥江翠小学成立于1919年，距离这片秀丽的水岸也不远，周边就有江翠景观河滨公园、华江雁鸭自然公园、双园河滨公园等自然保护区。

在如此有山有水的环境中成长，林国栋的儿时记忆总带着一点纯朴自然的况味。早在小学时期，他的成绩就很不错，除了五年级时拿到第一名外，六年级还当上学艺组长，一手漂亮的毛笔字，更是让人刮目相看。

小学毕业之后，林国栋进入当时还是自主招生的台湾板桥中学初中部，也就是现在的新北板桥高级中学读书。特别的是，他入学那年是该校招收初中生的最后一年，之后该校就改名为台湾板桥高级中学了。

学校体制经历"改朝换代"而造成的环境转变，让林国栋开始认识自己，因此这里也成为林国栋人生的转折点之一。

这所创立于1946年的中学，校内原有两棵参天的老菩提树，还曾经名列板桥十景。有意思的是，林国栋一进入这所学校的"末代初中部"就读，就赫然发现班上几乎有一半是留级生，很多同学的个子都比他高许多。

印象最深的是，初一担任学艺组长（编按：小学导师罗绍先移转学历时注记）时，他只是提醒同学们要记得准时交作业，结果隔日骑脚踏车上学时，就被一群眷村同学包围，警告他说话小心点，不然就要揍扁他。

在这样的环境下，他不但生存了下来，而且找到了更好的生存之道。

第一章　人生第一步，开始学会"平衡"

"初二那年选班长，班上未被记过的学生屈指可数，而我则是少数能够平衡于'本地'与'外乡'两派学生之间的人。"

"这并不是说我变得跟他们一样成为'老大'，而是我能够找到办法在这两派人中间取得平衡。因此，老师常常说我'老奸巨猾'。"回想起学生时代的往事，林国栋忍不住笑了起来。

昔日身边的同学，个个都很会恶作剧，花招百出。林国栋回忆，当时他们为难一位从香港来的同学，要他用手传火柴，不可以掉下来，不然就要罚他；班上还有三个同学被称为"三贼"，因此大伙吃福利社的东西竟都不用付钱……这些同学由于常常惹是生非，因此不免会被教导处带走，身为班长的他，不时跟着老师去把同学从教导处保回来。

"一个孩子要面对这些事情，其实也很不容易，但在那样的环境下，就要能够承受下来。"林国栋说道。

如果同学之间爆发什么问题，林国栋不会直接跑去告状，而是会先想办法找到解决方案。

"自己班上的事，不需要闹到学校都知道。"林国栋回忆，自己会把一些事情"掩崁"（闽南语：掩盖问题，不让别人知道）起来，就算承受一些压力，也尽量将大事化小，小事化无。

虽然总是努力将事情压下来，但是没过多久，"灾难"这把火还是烧到了他身上，一张记过通知单寄到了他家里，他遭到了父亲的责问。原来，他想隐瞒同学的过失，却被学校发现了，因此要身为班长的他负责。

"这些挫折，现在想起来有点像心灵摧残！"当时他觉得很委屈，因为并不是自己做了坏事。但现在回头再看，这些逆境，无形中帮助他在人格上逐渐成熟起来。

"这些经历，让我的心灵提早成长，帮助我理解到'面对问题'，甚至'解决问题'非常重要，也让我很早领悟，一定要成为在各种状况下都可

信赖伙伴的力量

以存活下来的人。"

在这样的环境下，林国栋意识到自己已经难以继续在这里读书，于是决定转攻技职训练，进入大同高工夜间部，过起了白天上班、晚上上课的生活。

"我念书是遇弱则弱，遇强则强。"林国栋笑言当初没能多读书，不然也可能变成博士，而不是董事长。他回忆说，当时的大同高工有个称号叫作"大同军校"，意思就是这所学校训练严格，而且暑假、寒假都很短，学生上课时间很长。

但在这段时光里，他却得到了不少人生历练，而且更清楚自己的长处何在。

三年下来，他又当上领头的班长。他说这跟读书一样，自己在群体中也是"遇弱则弱，遇强则强"。

"我回想起来，无论念书、当兵，或是创业，只要进入一个组织，就可以变成领导者。"林国栋感性地剖析，"这并不是说我天生有什么领导能力，而是我对别人努力付出，真诚对待，对方自然也会感受得到，会觉得我很能跟别人相处。"

所以，时间一久，大家都能感受到他的领袖特质，对他格外服气。

跟很多急着自立的年轻人一样，在大同高工求学这段时期，林国栋也从家里搬了出来，跟几位从南部北上的同学一起赁屋而居，想早点面对"大人"的生活。

时间过得很快，三年的学习时光倏忽而过，毕业前夕，老师要他们写篇作文，讲讲即将成为社会新鲜人之前有什么志愿。看过全班交过来的文章后，老师特意在众人面前表扬林国栋，认为日后这位班长会出人头地，一步一步实现自己的理想。

那他当时写了什么呢？他写的是：我想开一家电器行兼卖唱片。他写

第一章 人生第一步，开始学会"平衡"

下了自己对音乐与电子的热爱。

原来，20世纪70年代，台湾年轻人对西洋流行歌曲分外着迷，一家名叫"神鹰唱片"的公司便推出一种相当受欢迎的黑胶唱片，称作"学生之音"，每个月一辑，收录该月份美国最新排行榜流行歌曲精华，售价0.25～0.3美元，当时还在青春飞扬年纪的林国栋，自然也会跟着去买。

而且他不只是喜欢听，还喜欢弹唱这些西洋流行歌曲。

除了欣赏音乐、学弹吉他外，他还利用自己的电子知识，开始自行组装音响，把电子跟音乐这两样爱好结合起来，为日后创业埋下了伏笔。

而为了追求这些兴趣，也为了赚钱自立，在大同高工的三年，他打过五份工，每份工作大概持续3～5个月时间。

前两年，这些工作多与电子无关，但到了第三年，有了一些电子技术基础后，他就开始将工作与自己的专业结合起来。

"前三份工作都是我大姐介绍的，第一份工作是到药厂帮忙清洗药瓶，也协助药剂师记录药品调配剂量。"

他的第二份工作，则是进入电子代工厂当无线对讲机的组装员。到了第三份工作时，他进入一家贸易进口公司，担任制料的仓管兼小弟，有时也帮忙送货。有意思的是，在从事这份工作时，他看到贸易公司的老板英文颇为流利，还能与外国公司送往迎来，心里开始产生好奇和向往，于是便偷偷观察老板如何经营公司。

第四份工作，他上起大夜班，做电阻零件，帮忙看管设备。

而接近大同高工求学生涯尾端的第五份工作，则是在电子工厂担任维修员。

他回忆那段通勤的日子时笑着说，毕业后与同学从板桥到大同公司电视厂担任技术员，到公司上班得搭公交车，时间很难控制。虽然他每天都迟到，但工作效率第一，速度跟判断力都是别人的两倍以上，他还担任讲师，为大同公司服务站培训经销商，协助他们进行训练，把电路图理论跟实操结合起来，讲解得头头是道。

在大同公司担任技术员的这段经历，虽然为期只有一年三个月，但林国栋很快就察觉到自己也不是"朝九晚五"的料，他隐约发现真正适合自己的，是完全倚靠实力，去闯出一番事业。

明 MEAN WELL 纬
信赖伙伴的力量

第二章

成长过程，父亲身影最是难忘

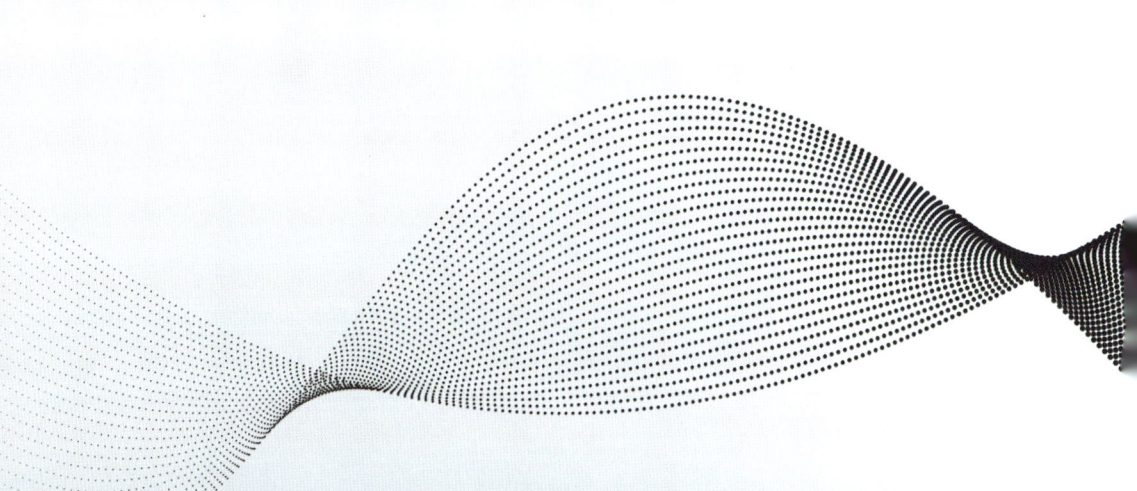

信赖伙伴的力量

回溯60多年的人生路,若说有谁对林国栋影响特别深,那肯定非他的父亲莫属。

林国栋的父亲在昔日"台北中央市场",也就是现今的"西宁市场"从事小黄瓜批发生意,将产自南部的小黄瓜引入台北贩卖,一路走来,无论在身教或在言传方面,他都对林国栋有着最直接的影响。

"小时候,我也会去爸爸的摊位帮忙。"林国栋生动地描述当时的情景,"外形比较直的小黄瓜,价钱可以卖得漂亮,我就把它们往前排;瓜身太弯的,卖相没那么好,就把它们往后摆。"

而每次收摊之后,父亲必定骑着脚踏车,载着他一起去做一件事——去邮局发电报。

他们会一起去邮局发电报。

在没有手机、网络,家用电话也还未普及的年代,信息传递速度最快的就是电报。但是发送电报的价格不菲,逐字计价,因此一定要简洁明了。

"爸爸如果打'胜'字,代表当天是'好市',隔日出货量可抓更高;若是发出'败'或'大败'字样,表示生意差,隔天出货要节制。"他的父亲利用这样的代号告诉南部供货伙伴,适度调节供需。

虽然父亲只是一个小生意人,只是个"市井小民",但在林国栋眼中,父亲是非常值得钦佩的。

"他与合伙做生意的结拜兄弟,彼此都非常重视道义。"林国栋回忆,"他们一起从南部拿货,虽然父亲的摊位比较大,但是特别讲究公平,不但把货都均分给兄弟,赚钱也都从钱袋中取出平分。"

"别人总认为爸爸有情有义,注重公平公正。"从这些跟着父亲一起打拼的父执辈的言谈中,林国栋深刻感受到父亲极受他人尊敬与肯定。"他本来就是家族的族长,我从他身上看到了一个人该如何恪尽自己的责任。"

第一部　展翅待飞

第二章　成长过程，父亲身影最是难忘

正是由于他父亲这种讲究公平公正、重视情义的个性，家族、朋友、地方若有争执，都会来请教他的意见，甚至请他仲裁，让他居中协调，很信赖他的公道。因为从小就耳濡目染，林国栋日后也对公平、公正、诚实特别执着。

令人惊讶的是，林国栋的父亲不但身为家族族长，对公益十分热心，而且知识也非常渊博。"爸爸受过良好教育，也进过私塾，因此你跟他谈古代典籍、历史人物，他都能通晓。"林国栋回忆，"父亲会帮邻居写信、修电器，小学一年级时我有一两个月没去上学，所以作业都是别人帮忙拿回家，爸爸再亲自教我注音符号拼音。"这些点点滴滴的回忆累积起来，成为林国栋童年特别难忘的一部分。

不过对林国栋影响最深的，还是父亲的谆谆教诲。他最难忘的，就是父亲教导他："绝不能做对不起别人的事！"这成为他一辈子铭记在心的深刻教诲。

林国栋父母的珍贵合影

"该得的就得，不该得的，连想都不要去想，做人就是要谨守分际。"就像父亲分配家族财产时一样，不奢求、不计较。

对于是非对错，人情义理，林国栋的父亲也有一套清晰的处事原则。"我书念得好坏与否，他可以不那么在意，但只要违反他讲求的情义原则，就会罚得很重。"林国栋回忆，父亲对他管教很严格，小时候只要不乖，就常被打、被罚站。

但是严厉的父亲在退休之后，也开始变得温和起来。

在林国栋的记忆中，父亲虽然严厉，但到了晚年，也不吝于用自己的方式，表达对孩子的爱。

早期，林国栋在江子翠老公寓创业时，楼下是办公室，楼上则住家，当时为事业拼搏，他常常废寝忘食。

已从市场生意中退下来的父亲，有时早上起来出门运动，看到他还没下班，就会提醒他："没人做头路像你按呢！"（闽南语：没有像你这样工作的！）并催促他赶紧去睡觉。

直到现在，他还是难忘父亲的关爱与提醒。

明纬早期的员工都记得，如果公司开会比较晚，林国栋的父亲会打电话到公司，催促他赶快回家吃晚饭。

"我是十足的工作狂，但我一定回家跟爸爸吃饭。"这是父亲还在世时，林国栋多年坚持的习惯，而父亲也会以叮嘱他别忘了吃饭的方式，默默表达自己的关心。

父子两代，用"吃饭"默默表达对彼此的关心，直到现在，"一起吃饭"仍然是明纬人凝聚感情的一种方式。

一群长期共同打拼的伙伴，在公司食堂围桌而食，在一道道"妈妈味"的家常菜之间，一家公司茁壮成长起来。

23岁初次创业

而说起开创事业，1976年需要特别记下一笔，这也是格外值得回顾的时间点。那一年，成为林国栋的"创业元年"。

才23岁的他，刚当完兵退伍，没跟家里拿一分钱，却想要自己开创事业，于是就自己"标会"筹集资金，一个会75美元，总共35个会脚，凑足2500美元。

第一部 展翅待飞
第二章 成长过程，父亲身影最是难忘

他的哥哥也来帮忙，让林国栋可以开他的支票周转。

凭着一股冲劲与热情，加上从大同公司积累的经验，林国栋以2500美元，开了一家"大欣电器行"，意思是"大家欢欣"，寓意这家电器行承载着亲友满满的祝福。

"我开店创业，亲友都很高兴，相当捧场。"林国栋对每个人都愿意拿出75美元支持他的梦想非常感激。因为父亲人缘好，因此所有邻居、好友在他开店后都跟他购买电器，助他踏出创业的第一步。

对于林国栋的创业，他父亲当时没有特别表示支持或不支持，他的态度就是：孩子要自己成长，自己去闯一闯。虽然嘴里什么都没说，也并不出手协助，但父亲把一切看在眼里，欢喜在心里。

大同高工毕业前夕那篇曾经受到老师称赞的作文中所陈述的志愿，在此时开出了花，结出了果。

林国栋毕业前写下的志愿，正是要开一家电器行，一边卖电器，一边兼售他最爱的流行音乐唱片。他果然说到做到，把他最爱的音乐与电子两大兴趣结合了起来。

"那是我人生最快乐的一段时期。"林国栋回顾，那时还单身，没有那么多压力与责任，"反正只有我一个人，赚多少就吃多少，日子过得很单纯。"

不过，聪明的林国栋很快发现，梦想与现实其实还是很难兼顾。电器行跟唱片行，客源完全不同！

想起创业筹钱这么辛苦，一分一厘都得来不易，因此他决定把资源用在刀刃上。为长远打算着想，他决定放下心爱的音乐，专心经营电器生意。这是他首次体认到，"专注"有多么重要！只有在一项事业上心无旁骛，才能将此项事业长远发展下去。

除此之外，开设电器行这件事，也让他再度明白到认识自己的重要性。

信赖伙伴的力量

这间大欣电器行,捧场的多是街坊邻居与亲朋好友,客源虽稳定,但最难的就是要花时间"顾店"。

大欣电器行创立,是林国栋(左一)实现梦想的第一步,从他跟朋友结伴登山的合影中也能看得出他那时意气风发

"因为没法再请人,只好自己坐镇,把时间都绑住了。"林国栋回忆说。一段时间后,他感觉到这与自己的个性不太相符。

刚好店内又发生了两次意外,让他再度评估电器行事业,思考着究竟还值不值得投入。

"我的电器行在一楼,自己就住二楼,但小偷趁晚上来闯空门,把电视机等高价电器全都搬光。"林国栋苦笑着回忆。他的大欣电器行在短短三年内遭到两次盗窃,营业店铺一次,租赁的仓库一次,盗贼把价值较高的商品搜刮一空。

第一部 展翅待飞

第二章 成长过程，父亲身影最是难忘

这样一来，他想到开店工时超长，时间都被"顾店"绑住，无法再做其他事情；另外，好好的生意又被连续偷了两次，损失惨重。这些使他萌生了转向其他事业的念头。

就这样，1976年元旦创立的大欣电器行，一直开到1980年夏天，总共四年时间。此后，林国栋又找到了新的奋斗目标。

"开电器行那段时间，刚好也跟哥哥合作过一笔生意，赚了不少钱。"林国栋回溯，他的兄长从高雄的拆船货生意中，找到滞销、报废，或有小损伤但仍可用的日本音响后，请同学到自己的小工厂帮忙，经过大家的细心加工整理，这些音响摇身变为"翻新品"。

"我做事很认真，可以修遍任何品牌电器，如果现在明纬的维修员修不了，还会被我念！人家都能设计出来，为什么我们都修不出来？"林国栋笑着回忆。由于已在大同高工练就了一身好功夫，林国栋几乎什么电器都能修，因此他自己到中华商场购买零组件，自己找电路图，不会的地方就买书学习，最后摸索出一条"翻新品"之道。

就靠着这一身功夫，林国栋将报废商品重新加工整理后出售，并将这种做法视为独一无二的商机。靠着大欣电器行与"翻新品"生意，他赚到了2.5万美元，挖到了人生中的第一桶金。

那时，他才不过二十五六岁。

第三章

走自己的路

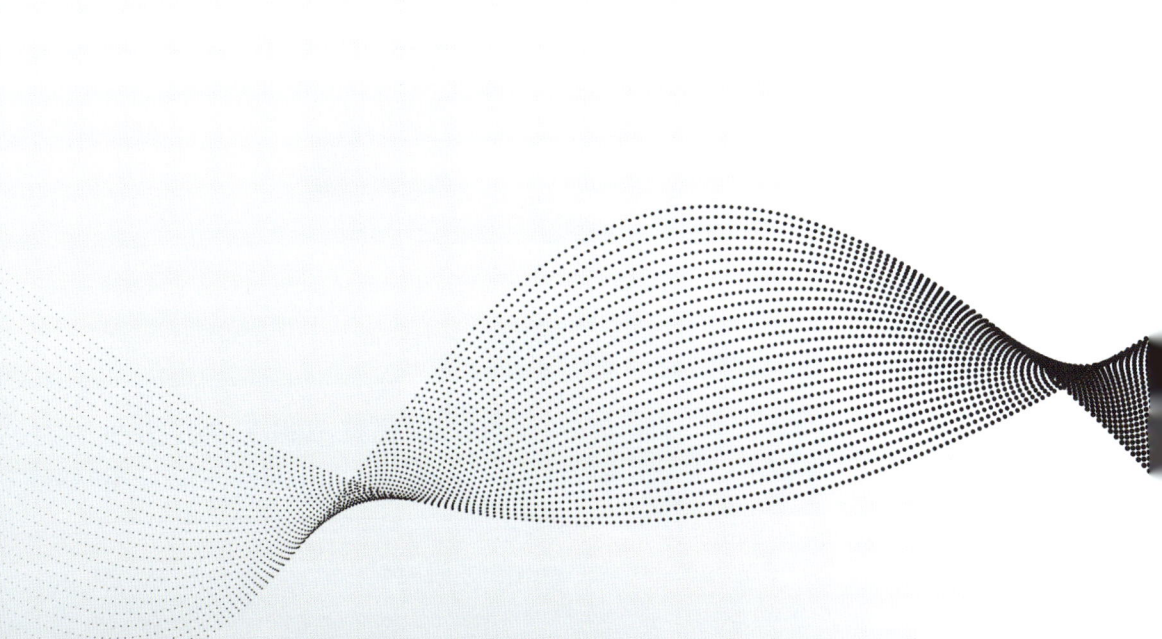

信赖伙伴的力量

结束电器行的生意后，林国栋不断思考接下来的人生路到底要怎么走。后来，他去了一家电源供应厂——飞宏科技，担任了5个月时间的业务兼外务员。

没想到，这短短5个月的上班族生涯，再一次改变了他的人生轨迹。

到职第一天，他就遇到同学彭希和，也就是现今广州明纬企业的研发副总经理。彭希和当时在那里担任业务维修员。也是在这个时间点，他还接触到了电源供应器市场当时的大户——电动玩具机从业者、名噪一时的电玩大亨周人蔘。

随着慢慢深入电源产业，林国栋嗅到了商机，心里开始盘算这生意该怎么做。

他当时的想法是，若要走电子产业这条路，那时中国台湾大型电子公司不多，数来数去除了大同高工，也没有太多让人眼睛一亮的公司；若想自己出来闯荡，既缺乏本钱、人脉，又几乎没有年轻人可以切入的机会。

电源供应器，可以说是电子产品的心脏，只要牵涉通电启动，就会有需求。

而这个产业，似乎是极富潜力的产业，他从中看到了一丝曙光。

于是1981年3月，他邀集在飞宏科技重逢的同学彭希和、戴先生，再加上彭希和的朋友李先生，四个人合伙成立了扬益公司，每人投入1000美元，在板桥老家一楼，承接电子游戏机的电源器业务。

彭希和性格内向，因此主要负责电源器设计等技术层面工作，而林国栋性格较外向，擅长与人打交道，因此就主理开发客户、张罗各式零组件的工作。

"刚开始前两个月，要自己找客户，真的挺辛苦。"林国栋回忆。开业第一个客户，就是周人蔘，首批交货大概10台一箱。就从这样的点滴积累开始，明纬这幢"万丈高楼"一步一步地从平地崛起。

第一部　展翅待飞

第三章　走自己的路

在当时的时空背景下，电子游戏机的电源供应器，从技术门槛方面来看，并不算特别高，因此林国栋自己去中华商场订零件，那里有很多"拆船货"的二手电源，重新整理过后再用手工焊接，又变成非常好用的电源产品。

接着，他们一伙年轻人骑着野狼机车，载着一箱箱组装好的电源，到处去送货。

"电子游戏机的电源，每台都超过1千克，一次如果出货40台，就至少50千克。我们连要踩下摩托车脚架，都因车身太重无法立起，只好让它往墙边靠。"林国栋回忆创业时的艰辛。当时搭上电子游戏机市场繁荣的末班车，就像为创业下了一场及时雨，给几位年轻人带来了天降甘霖的希望。

不过，天有不测风云，电子游戏机的电源器业务做了才10个月，就遭遇创业的第一道逆风。

由于有些电玩游戏带有赌博性质，因此1981年，时任台湾"行政院"院长的孙运璿为匡正社会风气，突然颁布禁止制造、销售、经营电子游戏机的命令，并雷厉风行地施行。

一时之间，曾经满街都是，就连杂货店里也随处可见的电子游戏机，很快销声匿迹，林国栋经营的电源器业务，也从高峰时每月可卖出数千台，突然锐减为一个月卖不了几台。

"这个冲击太大了，几乎让我们立即失业！"林国栋说。不过他也坦言，正因为电子游戏机禁令的颁布，迫使中国台湾电子产业开始转型，有些企业就顺势转至PC（个人计算机）领域，慢慢带动了信息工业的发展。

因为遭逢了这波电子游戏机禁令的打击，扬益公司的发展方向出现了问题，几位合伙人决定拆伙，林国栋留在老家收拾残局。

信赖伙伴的力量

值得一提的是，虽然扬益公司以林国栋老家作为基地，但到了大家分道扬镳之际，股东却不分大小，利益均分。"没有谁比较重要，谁比较不重要，最初每人投进 1000 美元，就各拿走 2.7 万美元结算款。"林国栋解释。

即使当时电动游戏机产业已一落千丈，有些款项早已难以追回，但林国栋在公司收尾时，仍然秉持诚信原则，若有款项被收回，就分给合伙人。

"该得的就得，做人必须讲求谨守分际。"他就是想向父亲看齐，讲求公平、公正。

合伙初期有位股东私下在外面承接生意，违背道义，但林国栋还是以诚相待。

"做电玩的人其实很讲道义，他在外面私接生意，消息很快就传回来了，藏也藏不住。"林国栋心里虽然不快，但还是把 1000 美元股本退回给他。公司结算之后，更将每人该得的分红照样发给他，但他不能再参与后期的分红。

林国栋对道义原则的坚持，来源于父亲的影响。他总说在所有历史人物中，自己最钦佩关公——关云长，因为关公的人格特质就是坚毅忠直、讲究道义。

此时，林国栋决定将第一次的电源事业轻轻放下，将扬益公司让给合伙人，自己另起炉灶，从头来过，并在 1982 年 4 月 6 日创立了明纬企业股份有限公司。

那时，正逢苹果公司推出 Apple Ⅱ，并大受好评，以至于 20 世纪八九十年代，全球沉浸在一股"苹果热"当中。与此同时，IBM 等品牌个人计算机（PC）也逐渐进入企业、家庭、学校，应用渐广。因此，林国栋决定让明纬搭上这股 PC 风潮，转向个人计算机交换式电源供应器（Switching Power Supply）的生产。

第一部　展翅待飞

第三章　走自己的路

而台湾在同一时期，也经历了信息产业的爆发期，"电子五哥"——宏碁、华硕、广达、英业达、鸿海相继崛起，将台湾推向全球信息制造业重镇的地位。

就是在这样的大环境之下，明纬迅速崛起，从草创时委身板桥老公寓、员工数量屈指可数，发展成为拥有3000多位员工伙伴的优秀企业，形成了一股不容小觑的力量。如果再加上全球经销商、供货商等伙伴，估计有数以万计员工的生计与明纬直接或间接相关。

明纬草创初期在板桥老公寓的办公室

40年来，林国栋不断从时代转折中抓住机会，带领明纬一路高歌猛进，最终成为年营业额突破10亿美元的标杆企业，并跃上标准电源全球第一的宝座。

一切全靠胼手胝足，没有侥幸，全都是一步一个脚印，扎实累积而来。

今日的明纬，产品销售至全球五大洲，随处都可见到明纬的身影。这些年来，很多人都听过林国栋分享的企业经营法则或企业精神，一式一样，都被他充分条理化，清楚标出发展原则与方向。

林国栋夫妇在板桥研发部合影

但是林国栋却很谦虚地说："80年代刚开始时，我根本不知道该怎么做！"他只能一切先从"心"开始，尽量表明自己"与人为善"的经商态度和原则，也就是后来阐释得更加清楚的企业精神——意正心诚。

直到1997年，明纬才再度修订了企业识别标志，将Your Reliable Power Partner（您信赖的电源伙伴）作为企业广告标语，表明明纬秉持稳健踏实的精神。

在所有让人津津乐道的"意正心诚"故事中，最经典的就是"MEAN WELL"这个品牌名称由来的故事，这个名称其实是从查字典中得来的，

第一部　展翅待飞

第三章　走自己的路

那本充满传奇色彩的中英文字典，到现在还被珍藏着，成为明纬无价的"传家宝"。

原来，林国栋在遍查字典后，发现"MEAN WELL: Have good intentions"与他内心所思考的问题最对味，正是他想要的"心怀善意"。

他相信，只要意念正当、心怀善意、方向正确、正派经营，无论能力如何，都能有所成就。因此，他取其译音，将公司名称定为"明纬"。

与明纬合作近30年的澳大利亚经销商伙伴——ADM公司的老板Glenn Bates这样说："很多西方知名品牌，多半以创办人或创办人家族的姓氏命名，取向比较个人化；但是一些亚洲企业会以创办理想来取名，'MEAN WELL'就是很典型的例子，虽然一听就知道并非西方国家品牌，但却可让人清楚地感受到它的用心与诚意。"

在创业初期，林国栋真是土法炼钢，从完全不懂，到对管理充满想法，甚至建立起完善的计算机信息系统、全球经销商体系，而他所倚靠的，除了毅力外，再无其他，说穿了就是"肯学"而已。

林国栋的语言能力惊人。从他翻字典去找公司名字这件事上，能猜出他的英语能力原本有限，因此才会以最朴拙却最有效的方式，去阐释心中的理想。但如果见识到他在全球经销商大会上面对上百名经销伙伴时侃侃而谈的口才，就会对他的语言能力刮目相看。

光是2018年11月至2019年6月，他就参加了全世界规模最大的德国慕尼黑电子展、山东济南的中国经销商会议、迈阿密的美国经销商会议、意大利威尼斯的欧洲经销商会议，以及马来西亚吉隆坡的亚太经销商会议等重要盛会。

每逢大场合，虽然都有工作人员为他事先备妥发言内容，但林国栋就是天生的演说家，上台说话不需草稿，张嘴就可滔滔不绝地讲个不停，且条理分明，孜孜不倦地分享自己的分析与观察方法及结论，一字一句讲入

信赖伙伴的力量

听者心坎里。

更厉害的是,他的英语虽然带有口音,语法时态也不一定准确,但他擅长用简单的字眼,清清楚楚地表达自己的观点。而来自世界各地的合作伙伴,也很喜欢与这位他们最熟悉的Jerry(林国栋英文名)交流,因此每年的盛会总是热热闹闹,从早餐、中餐到晚宴,绝对不会冷场。

他悠游自如地穿梭在全球合作伙伴之间,其实,在这一切背后,他下了不少苦功,这反映出林国栋认定一件事后,就要做到成功的那股拼劲儿。

林国栋说了个故事,解释他如何提高自己英语能力的来龙去脉:

"1981年,有个初中同学来找我,跟我说了去读台大中文系,却被外文系拒绝旁听的过往。当时我这个同学大受刺激,到美尔顿英语补习班发奋苦读,从初中一年级的程度从头练起。由于持之以恒,竟然脱胎换骨,成为南阳街英文名师。

"那时我才刚创业,心想这人明明以前成绩跟我在伯仲之间,我们的英语程度后来怎么差这么多?于是我也决定重新下功夫从基础学起,每天到这位同学开在板桥家中的补习班报到,从查字典、抄笔记、读柯旗化文法开始,然后背书给对方听,坚持每天练习英文一小时。

"这样持续半年后,我的英文水平得到了提高,同学认为我不用再来了,就建议我到其他补习班学英语对话,我就白天忙创业的事,晚上再到英语补习班上课。

"读了几年英语补习班后,我开始请外籍老师到明纬来上课,后来我又改为收听'空中英语教室',把听力练得更好。学习英语这件事,我从1981年坚持到2000年,总共约20年时间,直到筹备兴建明纬总部时,因实在分身乏术才停下来。"

能够直接而流畅地用英文和外方进行沟通,在林国栋一向强调的"信赖伙伴的力量"中,绝对占有重要地位。

第一部 展翅待飞

第三章 走自己的路

"要不是当初下了这些功夫,现在跟国外伙伴绝对聊不起来,我就没办法知道谁发生了什么事情,谁的心里又是怎么想的!"

20年的坚持不懈,换来了较强的沟通表达能力,代价虽然不小,但是绝对值得。

林国栋总是用他自己的方式,克服重重困难,闯过一关又一关。

林国栋参加2019年于意大利威尼斯举办的欧洲经销商会议

第一部　展翅待飞

第二部　御风而行

第三部　万里翱翔

第四部　航向未来

明 MEAN WELL 纬
信赖伙伴的力量

第四章

30年，三次机会成为全球标准电源第一名

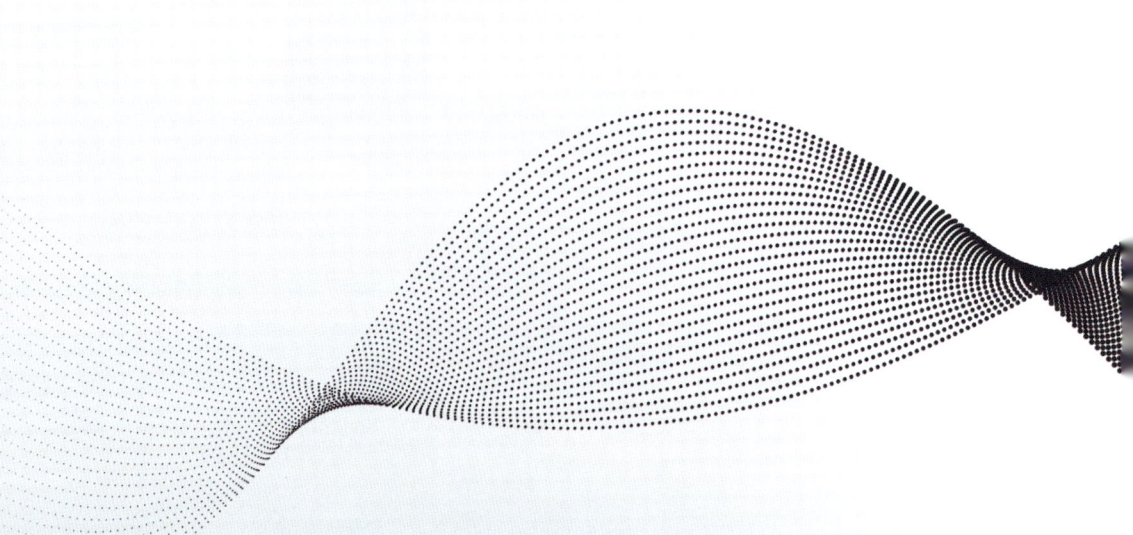

信赖伙伴的力量

很多人都好奇，林国栋总是挂在嘴边、不时提起的明纬精神——意正心诚，到底是怎么来的？真正的含义又是什么？

在明纬总部的露台花园里有一块漂亮的石碑，上头刻着林国栋常引以自勉的"今山古道斜阳照，意正心诚企业兴"，这又是什么寓意？

其实，这些都是他从实践中逐渐悟出来的自己的人生哲学，林国栋总是笑着说："一些东西思考久了，自然就会变成坚信的主张。"

林国栋的人生哲学包括：认识自己、知行合一、平衡三个部分，在他30岁左右开始形成。

他对人生中必须要做到的这三件事体悟越来越深，而且几乎在他人生的每个转折点，都得到验证，因此他总是提醒自己要做到这三点，并将之延续到明纬经营的各个方面。

"认识自己，就会知道什么是自己的强处，弱点又在哪里。"林国栋经常说擅长之处他就好好发挥，不会的他就通过学习补足。

"对我有帮助的东西，我通常不只看一遍，而是两遍、三遍，一再回溯。"把来龙去脉想得透彻，也会把自己认识得更清楚，进而取长补短。

"比方说，我很真诚，真诚就很容易打动人。"林国栋举例说，"别人看到一家公司的老板是这样，也会觉得这家企业应该不会有问题，会愿意跟它合作。"这就是他所谓的"认识自己"。

知行合一，则是强调要"知"，更要"行"，两者互为表里，不可分离。

这也呼应了外界对明纬的评价——即知即行，行动力十足，而且只要说到，必定做到，一言九鼎。在林国栋的人生理念当中，"遵守信诺"占有非常重要的位置。

"中国人有很多哲学，但王阳明提出的'知行合一'，特别让我感兴趣！"林国栋观察到，华人对提出"知行合一"的王阳明总有一份崇敬之情，

第二部 御风而行

第四章 30年,三次机会成为全球标准电源第一名

明纬企业总部石碑上的诗句,反映林国栋体悟的人生哲学与企业精神

因此台北郊区的"草山"也被改称为"阳明山",这让他更加好奇,想要参透王阳明学说的真义。

至于平衡,则是说来简单,做来并不容易的事情。不但工作与生活需要平衡,人际关系也需要平衡,商业经营布局更需要平衡。

"我对我自己的事业很有使命感,我也需要让我的主管、员工对明纬正在做的事产生使命感,并让他们在工作与生活中取得一个平衡。"林国栋深信,事物只有达到平衡状态,才能维持稳定并永续发展。

根据这三个人生哲学,林国栋慢慢延伸出"善意""执着"与"意正心诚"这些明纬人耳熟能详的理念。

他的这三个人生哲学,不只激励着自己,也对明纬的合作伙伴产生了很深的影响。

2019年的中国区经销商大会移师山东济南举办,协助活动开展的济南

信赖伙伴的力量

天纳科技有限公司总经理米永胜，一向非常欣赏林国栋的做人处事原则。

他回顾起2012年6月9日，一次从无锡飞往广州的航程中，由于有比较长的相处时间，林国栋与他分享了"认识自己""知行合一""平衡"的真正内涵。

"当时我听了其实没有马上非常震撼。"米永胜说。但奇怪的是，那些话语却在米永胜内心逐渐发酵。

"我后来回头再去细想，越来越觉得其中很有深意，这些影响会慢慢深入人心，因此这三大人生哲学，现在也变成我自己很重要的处世原则。"米永胜说道。

创立今山古道般的企业

至于"今山古道斜阳照，意正心诚企业兴"的自我勉励，背后也有一个故事。

20世纪60年代，有位原籍山东潍县名叫田原的作家，特别擅长写作长篇小说，他一生出版了30多部作品，这些作品的内容很多都取材于早年中国的抗战故事，作品中的人物被刻画得栩栩如生，不但侠肝义胆，而且充满乡土气息，因此有多部作品被改编成电影及电视剧，深受大家欢迎。

其中一部600多页的作品《古道斜阳》，在1965年出版后，也被改编成电视剧，搬上小屏幕，于台视频道播映，成为当时脍炙人口的电视剧。

剧中的东北汉子侠义满怀，剧终时在夕阳下纵马而去，古道依旧，斜阳余晖照耀世间，呼应了片名《古道斜阳》。这让当时年轻的林国栋内心深受触动，因为这正是他的理想。

林国栋当时虽然只有20多岁，但已对剧中传达的人情义理留下深刻印象，他对"今山古道"的意象特别着迷，也常常思考，人生在世，最后究竟需要留下什么？

第四章　30年，三次机会成为全球标准电源第一名

2013年，一趟由经销商合肥三恩电子科技有限公司主办的"黄山之旅"，让他感受到了"黄山归来不看岳"的深刻意境。2019年3月底的"泰山健行"，他再随一起并肩作战的大陆经销商伙伴来到孔子儒家学说起源地，亲身体会了"登泰山而小天下"的感受。

一路就近充当地陪、热心打点行程的米永胜回顾：林国栋2013年登黄山时已59岁，靠着毅力爬完，很不简单。这次在自己协办的"泰山健行"中，他又亲眼看着林国栋凭借意志力一步一步完成目标，令他打心底里佩服。

林国栋自己很喜欢那次的"泰山健行"，他想知道为什么泰山上只有玉皇大帝庙、孔庙。在回忆这趟圆梦之旅时，他屡屡向明纬伙伴分享：泰山精神之所以永垂不朽，儒家思想之所以能够传承两千多年，无论怎样改朝换代，总是屹立不倒，就是因为它们不断与时俱进，这与明纬的"今山古道"精神是完全相通的。

保留旧传统，但又不断创新，正是林国栋的理想。

"泰山精神教我们与时俱进，借着不断的演进、改变，企业可以永久长存下来。人也应该要不断创新，不能停下来。"林国栋说，"不仅要将旧有优良传统保留下来，还要能够求新求变，这股力量非常重要。"

1990年前后，林国栋在首度配发股票给公司主管时，就用"今山古道斜阳照，意正心诚企业兴"这句话来勉励伙伴一起努力。"这山就像今天的山，永远不会老，企业就像山，只要它一直保持与时俱进，就会一直屹立不摇，稳稳存在。"林国栋说道。

而这也是为何他在亲炙泰山、孔庙时特别有感触的原因。他看到儒家思想正是因为拥有深厚根基，才能经受得住时代的考验，在两千多年间慢慢渗入中华文化当中，成为博大精深的义理。

信赖伙伴的力量

林国栋一直很喜欢山给予的启示。这是1980年10月，他决定初次创业前与同学刘志贤登山时拍下的大霸尖山山景。这个景象启发了他将"今山古道斜阳照，意正心诚企业兴"这句话作为座右铭

林国栋认为，每个人都会有自己钦佩的对象，比如印度人钦佩甘地，土耳其人钦佩凯末尔，而我们华人则钦佩孔子。他还认为，这些伟人都付出了自己的一生去影响、去改变世界，因此值得后人钦佩。

而这些想法，逐渐刻在明纬的基因里，虽然肉眼看不见，但内化在每日的行事当中，就算外在环境不断改变，也不会随波逐流。

第四章　30年，三次机会成为全球标准电源第一名

"中心思想不能变，要一直传承下去，但是产品的内容、管理的方法、生产的工具……都要一直不断进步。"林国栋强调说。

林国栋所强调的，其实也就是管理学经典《基业长青》一书所说的：保有关键核心价值，但不断尝试创新。

后来，又延伸出他强调的"造钟说"，这同样出自《基业长青》。

《基业长青》中说到，作者长期研究各个大型企业，发现真正能永续经营的企业，多半致力于"造钟"（建构能永续发展的组织），而非"报时"（只依赖伟大的领导人或创新的产品与构想）。

因此林国栋恳切地告诉来自全球各地的经销商、供应商以及员工等伙伴：具有内在自发力量的企业，应该要"造钟"，而不只是"报时"。

他将自己比喻为勤恳的造钟人，用自己一生的经验与技术，制造出可靠而不断运转的"时代之钟"；而所谓的"造钟非报时"，则指每个人若能自动自发、自主管理，知道自己该做什么，就能提升企业的营运系数，让企业运行不辍。

"将系统、制度、流程都做到完善，自然就会上轨道，不需要提醒，就可以自动自发往前走。"因此林国栋努力让明纬做到合理化、标准化、精实化、教材化等，使明纬在朝着"百年企业"方向发展时，可以有清楚而明确的工作准则作为指引。

对比现今清晰的发展方向，以及完整的组织架构，明纬在40年的时光里，走了好长的一段路。

"回溯80年代创业初期，其实我并不知道该怎么营销。"林国栋坦言，除了提出"善意的标志""质量的执着"理念，在杂志广告上加注MEAN WELL means Quality Switching Power Supply（明纬意味着优质的开关电源）外，其他的如公司治理哲学等，都需要时间去慢慢摸索。

随着人生阅历的丰富，林国栋的管理理念更加清晰，明纬的企业精神

信赖伙伴的力量

也慢慢形成,并成为所有员工行事的准则。

"我希望明纬人抱持'意正心诚',这里头一定要有'善意'与'执着'。"林国栋坚持认为,明纬不但是因为"执着"而成功,更是因为"善意的执着"才有如今的成绩。

这其中的哲学,可追溯至儒家经典《大学》。《大学》中这样说:"大学之道,在明明德,在亲民,在止于至善。""物格而后知至,知至而后意诚,意诚而后心正。"

乍看之下,文字在回旋,如坠入五里雾中。

但要讲的道理很简单,其实就是呼应了儒家修身之法——格物、致知、诚意、正心。它告诉人们,如果出发点是诚心诚意,并且走的是正道,那么无论做什么事情,都容易做到心思澄明,直指根本,看事情也比较全面而清楚。

在明纬创业 40 年的历程中,正是这份对伙伴的"善意"与"执着",帮助明纬维持市场优势,并造就出了与竞争对手的差异。

目前在北美市场与明纬配合得很默契的经销商 TRC,已将接力棒交到第二代负责人史蒂芬·拉戈马森(Stephen Lagomarsino)手中,Stephen Lagomarsino 说:"明纬做事细腻,这让明纬成为了不起的合作伙伴(Amazing Partner),因为很少有像明纬这样会替对方想到那么多细节的伙伴。"

而与明纬一起冲刺韩国市场的另一位长期合作伙伴——韩国 Evernet 公司总裁 Yun Seong Lim 也说:"汉字里的'正道',也是他个人遵循的人生哲学,与林国栋的'意正心诚'遥相呼应。"这些都证明了明纬的理念吸引了志同道合的伙伴,彼此分享共通的信念,形成长期而稳固的合作关系,共同创造亮眼的成绩。

IT化、管理、自有品牌

每次说起自己的经营哲学，林国栋总是谦虚地说自己书读得不多，但说到"学习"与"进步"，其实他比谁都更认真、更投入，进步更大。

为了让企业再升级，迎接时代的挑战，不懂的他就问，不会的他就学，如果这样做还不够，他就去上课，以开放的态度面对眼前的问题，就如同他年少时一样。

在不断学习的过程中，他作出了几个替明纬奠定基础的关键决定。

第一个决定，是他在1990—1992年建立了明纬的计算机化管理系统。

在明纬工作了27年，员工都喊之"凤姐"的洪燕凤回顾，1993年她刚进入明纬时，一开始其实想应征仓储管理职位，在学校念应用数学的她，有IT背景，对数字管理很感兴趣。

"开始上班后3个月，明纬就从板桥搬到新庄，每年都增加产线，不断成长，需要更新颖、更有效率的工具来协助管理。"洪燕凤回忆说。林国栋看她很有潜力，便派她参与管理系统的开发。

"我们把库存实时化，收单后才生产，能更有效控制成本与进度。"洪燕凤继续回顾。

这套管理库存的MRP（Material Requirement Planning，物料需求规划），接着又延伸到ERP（Enterprise Resource Planning，企业资源规划），使明纬迈向全面计算机化，为接下来几十年的成功奠定了基础。

明纬改换系统，也成为她在明纬经历的一件大事。当时要从DOS系统转换到IE软件包，合约已签订，准备引进国外软件，人员也已展开训练，但却发现系统无法自主开发，结果被紧急叫停。后来，明纬找回目前资管中心的主管，重新调整方向。

"幸好我们当时算是押对宝，选了IE系统后一直沿用到现在。"洪燕凤说道。明纬的计算机系统总共经历过三次大转变，而将 DOS 版的 MRP 改换成 IE 版，算是其中最关键的一次，因为这次转变让系统链接性更高、更好用。后来，这种转变也延伸到经销商库存系统，让合作伙伴同样可以很方便管理进出项目。

"这套管理系统也许看起来并不花哨，但非常实用，可说是用过就会上瘾，再也回不去了。"洪燕凤笑着说。当时最费神的，就是如何让计算机系统升级至管理应用，以实际提升工作效率。

有意思的是，林国栋始终坚持明纬要专注发展本业，不做电源之外的事业，但在建立为明纬量身打造的计算机管理系统过程中，却意外"捞过界"，将两套库存进货管理系统软件卖给合作的经销商，成为让人意想不到的"软件开发商"。

而林国栋在回顾公司成长历程时，也将支撑明纬发展的最显著的四股力量概括为：

（1）经销商的经营与管理；

（2）早期建立完善的管理系统；

（3）善意的力量影响员工与合作伙伴；

（4）永续发展的理念。

从以上力量中就可看出，在创业早期就建立完成的计算机管理系统，对日后组织拓展来说，可谓厥功至伟。

第二个决定，是建立计算机管理系统的同时，林国栋带头开始积极学习各种知识。

"除了'认识自己'外，我的第二个人生哲学就是要'知行合一'，不会的就去问，就去学，不能什么都不会！"他举例说，为了弄懂质量管理，提升产品质量，他还特意去上课。经过三天两夜的课程学习，加上晚上的勤研笔记，他才开始对如何有效管理企业有了初步认识。

第二部　御风而行

第四章　30年，三次机会成为全球标准电源第一名

1991年迁厂新庄的庆祝会上，林国栋致词时喜悦之情溢于言表

20世纪90年代，明纬于新庄新厂逐步实现组织规模化，设立进料检验、研发、工程、制造、品保、成品检验等部门

"当时课程谈到一家公司该怎么管理，我把学到的标准化、方针管理、策略、日常要项等，都运用到明纬运作当中。目前员工仍在使用的日常要项管理表，便是从当时而来。"

"这就是林先生厉害的地方!他学了一样东西,不是为了学习而学习,而是为了学以致用,真正落实在公司管理应用。"洪燕凤由衷地赞叹。她观察到,林国栋的这种学习态度深刻影响了包含她在内的明纬员工及合作伙伴,大家都愿意虚心学习,好在不同阶段随着时代进步。

第三个关乎明纬未来发展方向的决定,对明纬的发展同样起着关键性作用。

早在创业初期,林国栋便决定,不走当时台湾电子大厂经常走的OEM(代工生产)、ODM(委托设计生产)代工路线,而是要发展自有品牌;而且在电源产品中,他又独独锁定标准电源,让销售更加不受限制。

这种情况下,他必须投入大量成本,让明纬产品通过各国的认证。事后证明,这个策略非常正确,所有的努力,都有了正向的回报。

"因为我们不做 OEM 代工,价钱又不是最低,一定要想办法在夹缝中求生存。"林国栋说,"要比快速冲刺上篮得分,我可能会输,不过我打的是持久战,就要想一个能让产品销售更久、更广的策略。"

用CE欧盟指令作为市场敲门砖

1991—1993 年,明纬最重要的改变,就是为符合 CE 欧盟指令的要求,决定努力通过 EMC(Electro Magnetic Compatibility,电磁相容)和 LVD(Low Voltage Differential,低电压差动传输)等国际认证。

简单来说,就是产品既要安全,又要符合环保标准。这要求产品必须通过 ISO(国际标准化组织)等标准的考验。"因为电源产品如果缺乏认证,就卖不出去,因此一定要做。"林国栋说。

"当时我们开玩笑说,这些 CE 欧规(欧盟指令),根本是 Confuse Everybody!(令所有人困惑!)"林国栋打趣说。明纬从来没做过认证,可谓是万事开头难。

第四章　30年，三次机会成为全球标准电源第一名

"由于每个国家对电源产品的法规认知都不同，其实挺复杂的。"林国栋说道。

"刚好也遇上AC（交流电）转为DC（直流电）的时代潮流，关于电器安全的议题就随之而来。"林国栋边说边指出，并不是每家电源厂都积极迎接这种改变、勇于学习，因为改变与学习，需要付出代价。

但是明纬看到了这个变化的趋势，并且勇敢面对，从而做出了正确的抉择。

1989年，明纬推出S-100F型电源，这款电源成为第一款通过欧盟认证的产品。

"当时公司还在板桥，先要提供很多数据，再由认证机构派专人前来检核，过程以小时计算，费用相当昂贵。"但是林国栋认为，这样的投入非常值得。确实是这样。通过认证的产品先帮明纬打开了德国市场，接着，整个欧洲的大门也随之被顺利敲开。

1991—1993年，明纬电源先进行ISO 9001认证，接着又做了EMC与LVD认证，因此商品外壳贴上了"CE"欧盟认证字样。

虽然在历年业绩当中，一向耀眼的成长数字在这一年迟缓下来，但当时明纬专注于以上认证，专注于加强健全认证制度，而这些时刻正是企业开始发展壮大的重要时刻。

从当初一个产品、两个产品，到现在几乎全系列产品都通过国际认证这项优势，成为明纬全球营销的利器。

"现在我们光是产品认证的投资，每年就高达300万美元！"明纬营销中心经理陈莉娟特别指出，明纬在产品认证上特别勇于投资，确实是其策略独到之处。

可以这么说，当初为顺利通过CE欧盟指令与ISO验证考核，明纬非常注重产品升级、精进管理，将产品推升至世界级的水平。

信赖伙伴的力量

1989年推出的S-100F型电源，是明纬开拓欧洲市场的重要起步

不过很多人不明白，通常外销多是美国市场大于欧洲市场，为何明纬恰恰相反？其实答案就在这里：明纬发展的转折点，便是全面推行CE欧盟认证，而且在欧洲市场执行得非常彻底，因此很早就在欧盟各国站稳脚跟，美国经销商随之慕名而来。

"通过安规后，会让消费者在购买电源这件事变得非常容易。"林国栋强调，明纬决心把安规作为产品的核心价值，因为通过了安规，产品就可以卖到全世界98%的地方。

"你可以说，明纬电源就像可口可乐一样，不但价钱平民化，而且非常容易取得，更重要的是，走到全世界每个角落，质量都是同样稳定。"

而立志成为"通用标准电源界的可口可乐"，正是明纬的目标、林国栋的心愿。

除了为发展而努力学习外，在明纬发展的关键转折点中，20世纪80年代决定由电玩游戏机电源制造转向个人计算机电源制造，2006年决定切入LED（发光二极管）电源驱动器的生产制造，都是非常重要的决定，这些决定让今日的明纬跻身全球LED电源驱动器排行榜第二名，仅次于荷兰企业飞利浦，成绩傲人。

很多经销商伙伴都很佩服林国栋的先见之明，他们至今都还很好奇：

第二部 御风而行

第四章 30年，三次机会成为全球标准电源第一名

当初LED还未成气候，为何明纬能独具慧眼，就敢选它作为新产品的重点发展方向？

"明纬不会停下来，会一直思考下一步。"林国栋强调，"企业一直在成长，就会考虑各种可能的方向，一直不断在准备。"

"那些成功的案例，别人自然会感到好奇，如果失败的，就没人问。"他笑着解释，自己也不是样样都能看准，同样会有看走眼的时候。

"我不断在脑中分析各种可能的方向，那时就想到，地球资源有限，环保肯定是未来一个主要趋势。"

LED市场的兴起，的确是由于环保意识抬头而导致的，当时的太阳能、电动车等行业被视为"明日之星"，林国栋在这几个行业都布局了相关电源产品，不过太阳能的相关发展就不够理想，幸好后来迅速叫停。

但是当初选择锁定LED电源驱动器，事后证明是相当正确的，LED电源驱动器产品目前至少占明纬整体业绩的1/3。

明纬能拥有先行者优势，跟早期切入国际认证，同时认识到欧盟对环保要求很高有着很大的关系，林国栋很早就看出，LED会在这种趋势下逐渐被大量应用。

具有节能优势的LED，最大的特点就是使用寿命长，而且在照明方面胜过钨丝灯泡，2014年诺贝尔物理学奖就颁给了蓝光LED的发明者，因此，LED具有很大的发展潜力与价值。

当时不只是台湾，全世界都在制定LED发展策略，鼓励发展与出口。林国栋清楚地意识到，越不走出去，就越没有机会，这也是很多台湾企业共同的认知。

就这样，靠着LED电源驱动器，明纬不但开拓了全新的市场，将企业发展速度推上历史高峰，更将产品销售到全世界，照亮了我们的世界。

信赖伙伴的力量

　　从 NBA 球场的巨大广告牌、巴西里约热内卢的宏伟耶稣像，再到北京奥运园区水立方外墙、新加坡的鱼尾狮，甚至是圣诞节时纽约洛克菲勒广场圣诞树顶端最闪亮的那颗星星……这些不胜枚举的例子都可以让你感受到明纬电源驱动器无远弗届。

明 MEAN WELL 纬
信赖伙伴的力量

第五章

隐形但不隐藏，
信赖伙伴是冠军之秘

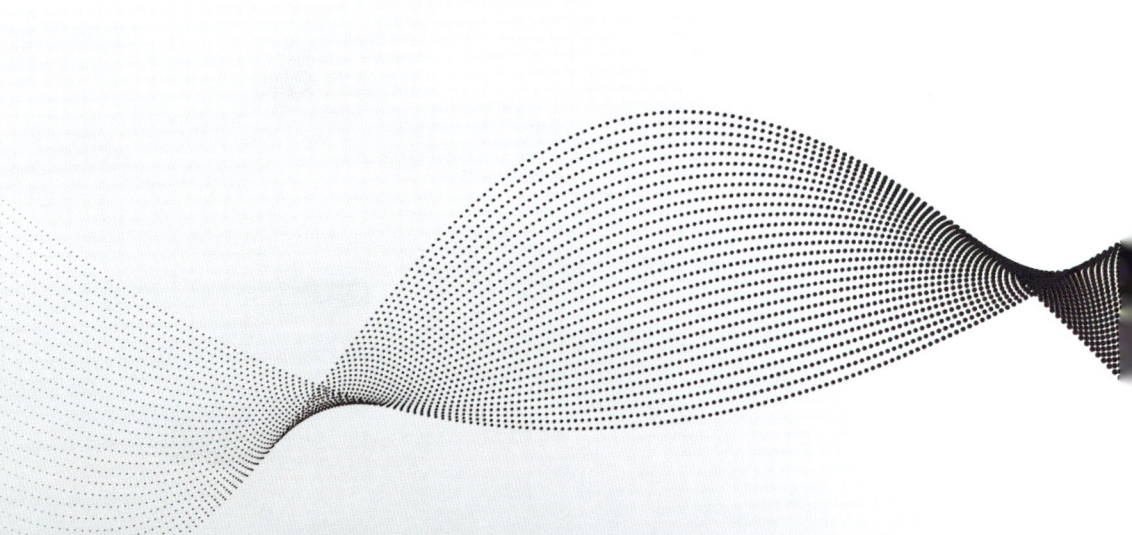

早在"隐形冠军"一词因赫尔曼·西蒙（Hermann Simon）教授发表的研究成果而被广泛援引之前，台湾就已有许多相继崛起的"隐形冠军"。

不过，西蒙也指出，要能配得上"隐形冠军"这个称号，必须符合三个标准：首先，这家公司的产品必须占据全球市场占有率前三的地位；其次，这家公司必须是鲜为人知的中小型企业；最后，一家"隐形冠军"公司，也应该是社会知名度较低的企业。

无论从何种角度检视明纬，它都是标准电源产业不折不扣的"隐形冠军"。现在，它决定不再隐形，而要让全世界看见它的努力与坚持。

明纬这家公司与它的产品到底有多隐形呢？

它一直无声无息地隐藏在我们的生活之中，你几乎不会注意到它的存在。

电源驱动器本身就是电子产品背后的无名英雄，没有它，电子产品根本无法使用。除非你特意检查，否则往往不会注意到你的电子产品配备了明纬的电源。

从著名的巴拿马运河的闸门，到沙特阿拉伯最新完成的高速铁路，甚至太空中研究地球日照的卫星中，你都可以见到明纬的产品。

不过，由于明纬未公开上市，因此你找不到它的任何报表数据，再加上谦虚低调，因此外界除了知道它业绩辉煌，每年都有亮眼的成长外，其他一无所知。

也因为低调，明纬几乎从不接受媒体深入采访，因此我们只能在业界刊物，或是财经杂志、报纸产业版面，找到关于它的零星报道。它甚至低调到员工来求职时还不清楚它是做什么的。目前明纬的一级主管，无论当初应聘何种职位，到职前几乎都不知道明纬的真实面貌。

大中华区总监蔡明志回忆说，1997年他来面试时，由负责内外销的

第二部　御风而行

第五章　隐形但不隐藏，信赖伙伴是冠军之秘

两位经理进行面试，后来林国栋也加入面试中，用英文问他："如果有100万元，你会想要做什么？"当时的过程，他至今难忘。

2002年念完MBA返回台湾的海外区总监郑志得也回顾，虽然之前学的就是电力电子，但并不知道明纬这家公司，本来他还想到美国找工作，后来花了一个下午的时间和明纬的工作人员面谈，林国栋同样亲自参与。

在面谈的过程中，郑志得觉得这个老板跟别人很不一样，他的态度从开始的姑且一聊，转变成有心要试试郑志得。后来，考虑到在明纬既可以学到电源知识，又可以从事与营销相关的工作，也许能与所学相结合，在权衡利弊之后，郑志得决定加入明纬。

另一位明纬人董少达，是前任美国明纬分公司总经理，也是很多资深业务员的"师父"，他同样清楚地记得1997年进入明纬前，林国栋非常有诚意，即使无法亲自到场，电话面试最少也都要近三个小时。

这样的真诚，让这些原本不了解明纬的人才，成为日后为明纬开疆辟土的战将。

分散风险的"平衡"学

林国栋提到，自己除了会向《隐形冠军》一书取经外，事实上，明纬早就践行很多作者在书中提到的价值观。

"很多日本、德国的'隐形冠军'，创办者书读得不多，但非常讲究核心价值，从微小的变化中不断进行创新改革。"林国栋认为，这些"隐形冠军"不追求翻天覆地的革命，但会不断持续创新，让有能力的人来承担更重要的责任，其实道理并不复杂。

他认为，自己同样需要低调踏实，因为只有一步一步认真去做才是正确的做法。"明纬不是明星企业，也没有明星产品、明星员工，每一个面向，

都要脚踏实地去做。"

同样地，明纬的合作伙伴也都不是超级大企业，他并不希望彼此关系不对等。"我们采取的就是分散、平民化的策略。"这也体现了他的三大人生哲学之一——平衡。

但是既要坚持自己的"根本"，又要面对商业中的种种现实与挑战，中间的拿捏，不会很难吗？

"当你脚踏实地，你就可以守住根本，因此不难。"林国栋说。

林国栋打了个比方来解释，明纬绝对不会突然宣布某个产品不做了，而是会渐进式调整；也不会突然宣布组织大换血，一定会将新进员工的比例控制在10%左右，以保持公司运作的稳定。"在慢慢调节之中，我们会找到正确的决定。"

"当我跨入一个比较新的领域时，绝对不会贸然整个投入。"他虽然看来性格急躁，又有很多想法、点子，即知即行的步伐飞快，但在商业与经营中，"渐进"而不"躁进"，才是成功的关键。

"虽然我是董事长，但还是可以坐下来吃路边摊，跟所有人相处。我的本性都还在，没有因为今天事业成功，就忘掉了原本的初衷或老朋友。"在林国栋的认知里，"时间"是个很重要的因素，日久会见人心。

"你不可能一开始就能确定挑到对的伙伴！"林国栋肯定地说。他认为，一定是在逐步合作的过程中，才慢慢发现彼此之间的默契。而经过时间淘选之后留下的伙伴，通常更容易累积互信。

明纬的老员工董少达退休之后，再回头看老东家的成功时，他也认为，除了运气与时机外，最关键的还是找对合作伙伴。

很会看人的林国栋，到底如何"识人"呢？

第二部 御风而行

第五章 隐形但不隐藏,信赖伙伴是冠军之秘

● 从背叛中体会诚信学

在"阅人"与"以诚相待"方面,林国栋花了很多心思去摸索。

他分享自己的心得时表示,平常表面上的交往,往往很难看出一个人真正的人品,只有通过"共事",才能真正知道对方的价值观。

"有共事,就会流露出价值观,这会影响一个人的态度,而态度,更会影响一个人决定事情的高度。

"如果他很认同你的价值观,就会很认真对待一件事情;你从一个人处理事情的努力程度,也就可以看出他的态度。

"意正心诚非常难,但一定要坚持。"

但是这种发自内心的坚持,在面对合作伙伴的选择时,不是没有遭遇过挫折与挑战。

第一次配发明纬股票后,他就发现有位员工,白天上班,晚上还私下在外面承揽业务,这位员工是他朋友的弟弟。面对这种背叛,林国栋说:"都是自己培养出来的人,当然会伤心。"

但是他先问自己,到底出了什么问题?是别人心术不正,还是自己做错了什么,让员工有二心?

"这的确让我很有挫折感,我心想,自己明明对员工那么好,他为什么要这样做?"在自省之后,他更想找出原因。他问了身边很多朋友,朋友们都一致认为"意正心诚"是对的,一定要坚持下去。"我才慢慢重拾信心,再次确定自己没做错。"

"我对所有伙伴,包括明纬员工、经销商、协力厂,都是同样的态度。"林国栋回顾打拼事业的过程时,认为绝大部分的合作伙伴情谊都很真切,通常是他以诚相待,就会得到对方同样真心的对待。但是也曾发生过两件事,让他对到底要不要继续"意正心诚"思考了很久。

信赖伙伴的力量

在组织扩张上,明纬很在乎寻找具有共同价值观的伙伴。图为1997年的明纬团队

一件事与原先的波兰经销商有关,该经销商除了代理明纬产品外,竟还进口明纬的山寨品。对此,明纬没有马上提出绝交,而是不断发出黄牌警告,可是两年过去了,对方依然没有改变做法,明纬觉得对方这样的经营理念有问题,最后终止他们的代理权,而另一家台湾厂商竟马上就将之纳为欧洲经销商。

明纬对波兰经销商很讲道义,表示可以把货退回,但这家公司退出经销明纬产品后,还在网页上用明纬的logo鱼目混珠,不得已,明纬最后只好请律师向他们发警告信函。明纬认为,既然选择要走自己的路,就不要再利用过去的合作伙伴,这样的做法很不正派。

旁人问明纬,怎么还在给他们黄牌,观察这么久?像这样的经销商,早就应该给他红牌停权了。这是明纬首度遇到自己秉持"意正心诚"理念相待却不懂得珍惜的经销商伙伴。到现在,这件事还是让林国栋有点挫败感。

第二部　御风而行

第五章　隐形但不隐藏，信赖伙伴是冠军之秘

2019年，明纬于美国迈阿密召开经销会议并举行团队旅游活动

另一件事是在澳大利亚的经销商被并购后，公司经营策略急转弯，想快速拓展与大陆厂商的关系，因此他们推出自有电源品牌。此外，他们与明纬对接多年的原业务主管还去拜访大陆的多家电源驱动器厂商，并将大陆厂商的产品引进澳大利亚销售。

对方坚持发展大陆电源产品的自有品牌，但他们的产品中又有很多仿制品，因此明纬决定与他们协商停止经销代理关系，仅维持一般的客户关系。但过了两三年，他们又回过头来找明纬合作。

他们后来才知道，那些低价抢市的电源厂商没法提供像明纬这么稳定的质量与服务，产品上线后问题不断。他们最终承认犯下错误，重新担任明纬的澳大利亚经销伙伴，推广明纬标准电源。如今，他们与明纬成为好伙伴。

经历过这两件事后，林国栋的内心有过翻腾，但最后他还是决定不改初衷。那句"今山古道斜阳照，意正心诚企业兴"提醒着他：有些做法可

以与时俱进，但有些信念则必须恒久不变！

"我们虽然没办法要求每个人都跟自己一样，但自身的核心价值，一定要坚持下来。"所以林国栋才一直强调"善意"与"执着"，其实这两者是一体两面的关系，善意若因受到打击而无法执着下去，中途放弃也是枉然。

● 信赖伙伴的邀请股东制

明纬财务部经理林宪文表示，明纬在成立之后，早期即开放给员工入股，让员工与公司共同努力，一起成长。

目前明纬总部及其欧美分公司，都开放给资深与高阶主管认股，让员工的向心力与凝聚力更强，从而产生一起打拼的力量。

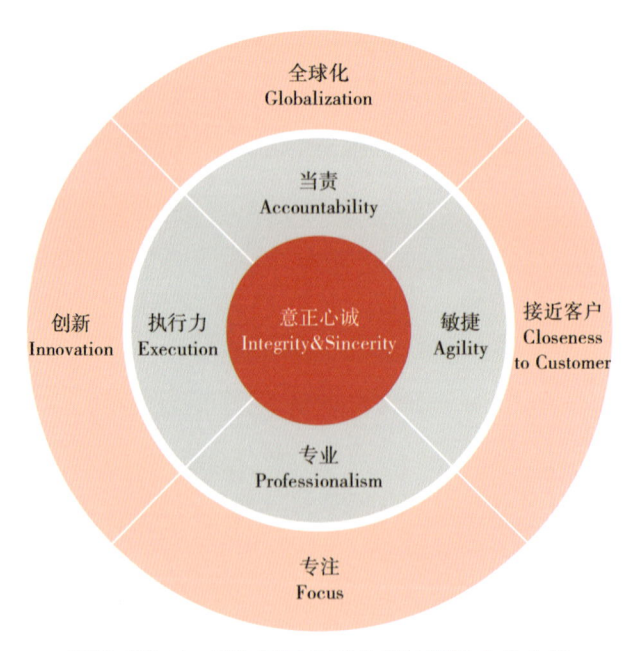

围绕"意正心诚"逐层落实的新的明纬企业文化

第五章 隐形但不隐藏，信赖伙伴是冠军之秘

随着公司的逐渐成长，为扩展更强大的伙伴关系，明纬也会邀请更多的值得信赖的伙伴加入股东行列，这些伙伴包括经销商、供应商、协力厂，以及认同明纬经营理念的友好人士等。外部股东入股前，需有一位董事推荐，并经董事会核准后才具观察员资格，并参加股东会了解股票交易方法，双方互相认可之后，才能在下次股东会进行交易。

明纬虽然没有上市，但仍建立了自己的内部股票交易模式。每年两次（1月和6月）的股票交易，让股东有持股交易的机会，使股票适时流通，满足股东的资金需求。

同时，为了让股东充分并实时了解公司的营运状况，明纬内部建立了股东专区网站，只有股东才能登录查询。股东专区比照上市公司的"公开信息观测站"，每月公告营收、每季公告财报，并将会计师的查核报告传到网上，内部称之为"明纬公开观测站"。所以每次股票交易前，股东均已了解公司的营运成果，并由买卖方自由下单交易。

"我们相信，这样的'信赖股东制度'，让伙伴关系更扎实、更具有信任度，是站在长期合作的伙伴角度出发。"林宪文分析说。

明纬并不缺资金，开放给这些伙伴入股，纯粹是站在"信赖伙伴"的角度上，让彼此的关系更紧密，而非仅仅追求短期的财务投资报酬。

明 MEAN WELL 纬
信赖伙伴的力量

第六章

40年的信赖，在胼手胝足中崛起

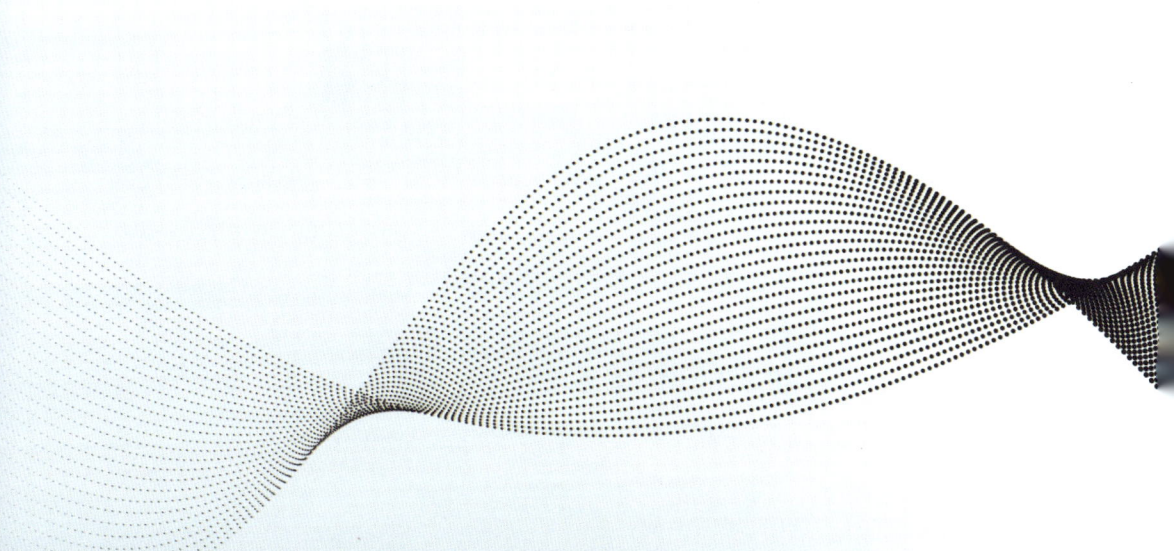

信赖伙伴的力量

大约25年前,明纬开始发展经销商体系时,就发现在充满"暗崁"(闽南语:将好东西或好处私藏起来,不让别人知道)的年代,信息越不容易取得,就越应该对伙伴开诚布公。

在网络崛起之前,信息不但不透明,就连厂商做生意也需要处处提高警惕。但是明纬当时就首开先河,在广告中清楚写出经销商的联络电话与地址,让消费者可以很容易找到明纬的产品,这在当时是极为罕见的。

"当时的业者,主要以代工为主,通常不想让人知道客户是谁,因此多半不愿意把通路讲清楚。"林国栋说起当时的状况。

但是透过对"意正心诚"的坚持,明纬以身正不怕影斜的坦率,以及不断追求"创新"与"共好"的精神,为自己赢得了很多伙伴与机会。尤其是那些从几十年前就开始一路追随的经销商、供应商、协力厂,往往就是这样被感动后,彼此互相提携的。

经销商伙伴

明纬在台湾的资深经销商之一——成立于1987年的耀毅企业有限公司,与明纬携手共进已超过30年。耀毅的业务经理林有利说,每隔5～10年,明纬就会提出一个新的方向,推出产品的速度更是飞快,所以一定要时时学习,不然会跟不上明纬的步伐。

"明纬拥有强大的企划团队,能充分做好市场调查,因此经销商可以放心跟着明纬的脚步向前走。"为了让合作伙伴都能跟上市场潮流,明纬每年都会在世界各地举办产品技术研讨会,并提供相关资料供经销商运用。

明纬认为,只有合作伙伴都能跟上明纬的步伐,大家才能一起"共好"。不只是"共好",有时明纬甚至愿意让利,这种做法让经销商伙伴非常感动。

第六章　40年的信赖，在胼手胝足中崛起

耀毅业务经理林有利特别提到，明纬做生意不是总盯着利润，而是比较珍惜人与人之间的情感，多年来始终如一。

"林（国栋）先生每次见面都问我：明纬的产品好卖吗？有利润吗？卖多少钱？为什么卖比较便宜？需不需要支持？如果不好赚，是什么原因？"林有利这样说。

林国栋会问得很详细，可以看出他很细心、用心。

明纬还有个特别之处，那就是很为经销商着想，比如，除了一年内卖不掉的库存可退回外，还会通过经销商的Line（群组），让彼此互通有无，寻找到合适的销售管道，促进商品的销售。

明纬有时也会主动让利。比如，大项目需要投入较多资源，业务也比较烦琐，这种情况下，明纬一般会自己操作，直接服务客户。但是如果项目类型适合经销商，明纬就会主动将之转介绍给经销商，让他们多赚点钱。

比如，明纬就曾经将一位在泰国的台商采购数千台电源器的生意转介绍给耀毅。有一次，这位台商有部分项目需在当地处理，请求明纬协助，明纬二话不说就立即伸出援手。后来，这位台商成为明纬的泰国经销商 LX Electronic，这就是互相帮助、互相成长的极佳例证。

明纬非常重感情，就算合作伙伴在发展过程中经历了一些波折，明纬也一如既往以诚意相待，从不因为合作伙伴遇到暂时的困难而放弃他们。

成立于1973年的良兴电子，企业发展历史已接近半个世纪，是明纬较早的经销商伙伴之一。良兴电子的前身是台北光华桥下的"良兴电料行"，以卖电子零件起家，后来也成为宏碁小教授计算机等企业的经销商，吸引了很多理工科教师、工程师等目标客群。

信赖伙伴的力量

耀毅企业有限公司参加明纬年度公益活动——为淡水河做一件事

良兴电子总经理赖志达回顾，20年前，明纬的业绩大约是年收入约3000万美元，从2018年起则超过7.5亿美元，可是明纬并没有因为发展得很好，就抛下曾一起开创事业的伙伴，多年来的窗口始终没变，和经销商保持着非常稳定的伙伴关系。

赖志达表示，尽管良兴电子在2001年与台兴电子合并，一度因经营管理与市场变迁等因素，企业规模和影响力变得比较小，但大力投入电商事业后，又重新崛起。良兴电子转型为"良兴购物网ECLIFE"后，一打开网页就有"明纬Power（电源）旗舰馆"的字样，林国栋要求下属务必给这位"第一个经销伙伴"最佳合作条件。

来自台中的感测企业有限公司是另一家长期与明纬合作的经销商，双方缘分已延续28年。感测企业有限公司的负责人郑艳侨自剖：自己本身也是择善固执的个性，只要认准的事，可以十年、二十年坚持下来，可以说与明纬志同道合。

在多年合作的过程中，曾经发生过一件让她很难忘的事：有一个项目，由于她在接洽时遇到困难，客户窗口误将订单直接转给明纬，导致丢失了项目。当时她相当气馁，直接写信向林国栋反映。后来这件事在林国栋帮助下，很快得到解决。

"他的人就像他做的事，会让利，会看大局，能做到客户、经销商、明纬三赢的局面。"郑艳侨说。

更让她感动的是，一般签订合约时，签约者都是千方百计维护自身的权益，但是明纬要求经销商签约，反倒是为了保障经销商的利益。

"这就是舍得让利！因此我从来不认为明纬会为做生意而不择手段，凡事都可以跟他们好好商量。"郑艳侨对明纬非常信任。

俗话说得好，君子爱财，取之有道。有舍，才会有得。

就是这样柔软的身段、广阔的胸怀，让经销商愿意和明纬一路相随，十年、二十年、三十年……共同走下去。

明纬与经销商的感情有时甚至跨越代际、亲情，编织出更绵延的关系网络。

郑艳侨回忆说，当她带着感测企业有限公司第二代负责人王捷民去见林国栋，表明要将彼此合作的事业传承下去时，林国栋的眼睛亮了起来，非常高兴。

接受过明纬培训后，王捷民在感测企业有限公司担任品牌及产品经理。"他是在2018年通过考试，并获得明纬认可才担任PM职务，我认为这是很好的制度，非常赞同。"郑艳侨大力肯定明纬在事业传承把关上的用心。

像感测企业有限公司事业两代传承的例子，在明纬全球经销商体系中并非个例，除了中国外，美国、欧洲、亚太地区都不乏父子档、父女档、母子档，还有兄弟档、夫妻档……甚至也有明纬前员工变身为经销商的例

信赖伙伴的力量

子，而这些企业的接力棒传到第二代负责人手上后，依然和明纬开展业务合作，将和明纬合作发展的事业继续传承下去。这些例子说明明纬以感情、默契串起的伙伴关系，比只靠白纸黑字的合约更深入人心。

除了情感的联结外，明纬还非常重视经销商体系的经营。

技术背景出身的明纬，制造能力很强，竞争力也很强，但在销售上，他还是选择交给经销商团队去耕耘、去打理。因此明纬获得成功，其全球经销商伙伴绝对功不可没。

过去，明纬在台湾有30多家经销商，后来明纬采取精兵策略，逐渐减少经销商数量，强调经销商就是明纬的一部分。

感测企业有限公司负责人郑艳侨（右）、王捷民（左）母子与明纬董事长林国栋（中）合影

第六章 40年的信赖，在胼手胝足中崛起

第一家将明纬电源引入工控领域的经销商——永钜电机有限公司总经理李永法回顾：1989年双方开始合作时，台湾的工控领域电源刚好产生缺口，因此业务很快发展起来。由于订单相当稳定，明纬逐渐将重心从游戏机、个人计算机领域，转移至工控领域。

"我创业之前就做工控，因此对这个领域熟悉，开始将明纬电源卖到中南部的工控市场。"李永法继续回顾。由于产品价格合适，又耐用，当时永钜电机有限公司的业绩几乎每年都翻倍，明纬电源一到货，很快就卖完，很多台湾中南部的工厂都爱用，品牌认同慢慢形成。

工控应用对电源产品的考验是，如果电源质量不佳，机台非常容易被烧掉。但是明纬电源质量稳定，因此在这个领域的优势维持了很久，可与之竞争的对手并不多。

李永法说，明纬并没有恃宠而骄，反倒是不断改善制程，让价格再降下来，对于质量、库存管理都很有一套。他认为，这就是明纬厉害之处。

明纬经营经销商体系的另一个策略，就是让合作伙伴感受到适当的压力。林国栋深信，有压力，才会有成长，但是压力要施加得恰到好处，才能真正达到目标。

"我们得努力销售明纬产品，才不会积压库存。"李永法回忆说。在货畅其流的情况下，明纬很敢降价，晚来的新货更便宜、更富竞争力，这种价差会促使经销商努力把囤积的旧型产品加紧售出。

而为了迎接越来越激烈的市场竞争的挑战，李永法决定在公司内成立电源团队，专做明纬业务，进一步加强彼此的伙伴关系。除了继续做好自己本来就擅长的业务外，还跟着明纬在库存管理等方面一同进步，进一步提高效率。

"我们也开始理解到，要卖明纬的产品，就必须跟着做出改变。"李永法说。现在永钜电机有限公司一楼仓库，就是特别为明纬产品留出的

信赖伙伴的力量

空间。

"林先生一直在想着如何让明纬更有竞争力,让产品可以卖得更好,而且他不但说到做到,也很善待伙伴。"李永法继续说。明纬这样的态度与推力,肯定会影响经销商,让经销商更愿意投入资源,一起打拼。

永钜电机有限公司总经理李永法(左)与林国栋(右)在晚会上开心合唱

另一位与明纬合作历史久远的台湾经销商、明纬中国华南区经销商——台瓷自动化工业股份有限公司董事长邱瑞礼,亦对明纬抱持肯定的态度。

1983年创业后第二年就开始与明纬合作的邱瑞礼,其一双儿女目前也与明纬合作,父子三人合作无间,把事业从台湾拓展到东莞等地。

"我们虽然也代理其他品牌,但明纬给人的感觉就是不一样。"很喜欢招呼来客喝茶的邱瑞礼说。大部分的合作品牌,都会想方设法把经销商的利润压低，自己多赚钱；但是明纬反倒会跟合作伙伴说：还有利润空间，尽管发挥！

明纬比较体恤经销商，非常厚道。比方说，如果经销商仓库中明纬电源库存量过多，明纬就会积极回收，不让经销商的资金压力太大。

明纬的处理方法是：当经销商产生呆货现象时，会协助经销商将产品转售给其他经销商或提供退货服务。为了整合并有效处理客退产品，明纬固定在每年的10月统一处理经销商退货事宜，制造周期超过12个月或特制品（含冷门机型）则不予接受。

"这是很聪明的做法，经销商比较不会囤货。"邱瑞礼对明纬的做法表示肯定。从来没有厂商会这样做，这既是一种体恤经销商的做法，同时也是督促经销商快速将商品销售出去的推力。"它的策略思考就是：经销商够强大，彼此的实力才能提升。"

这样的策略，事后证明相当成功。眼见明纬的生意做得风生水起，日本的一家大厂也曾经想来分一杯羹，他们联合台湾另一家OEM厂商，想与明纬竞争，结果败下阵来。

在大陆，明纬也打败知名度高很多的欧洲电子品牌，"真的就像打地鼠游戏一样，只要对手一有动静，明纬就是当头一锤反制。"

因此邱瑞礼常跟自己公司的下属说，明纬有很多值得他们学习之处，要他们好好学习。

"明纬不只律己甚严，对合作伙伴的要求也很高，它会要求经销商写报告，我们的干部就很困扰，"邱瑞礼笑着说，"但这就是给我们压力，逼我们要跟紧市场脉动；往好的方向看，也是创造一种学习检讨的推力。"

明纬还会给经销商的表现评分，让经销商知道自己到底够不够努力。

"2017年，台瓷自动化工业股份有限公司在经销商报表的评分排行第三，后来名次掉下来，我一开始也吓到了，结果一查，发现是丢了国外客

信赖伙伴的力量

户所致。"邱瑞礼回忆说。

面对这种状况,邱瑞礼也跟林国栋一样,抱持着积极的态度。他们都相信,犯错本身并不重要,重要的是要努力找出犯错的原因。

邱瑞礼说,明纬这样做并非要给合作伙伴难堪,或是增加合作伙伴的压力,反倒是要让彼此知道自己的优势在哪里,劣势在哪里,这样才会有再次进步的可能。

明纬还会全力支持自己的经销商去跟竞争对手竞争。为了支持自己的经销商,明纬甚至会降价,牺牲自己的利润,与经销商共同达成最终目标,这就是一种共荣共存的理念。

不过明纬主张,并不是卖得越便宜越好,一定要让经销商有利润可图。

"有经销商想把价格定得比较低,就被明纬指正。"邱瑞礼说。遇到这种情况时,明纬会再三与合作伙伴沟通,提醒合作伙伴不能只冲销量,而低价售卖。

此外,在价格透明的前提下,经销商公平竞争,业务若有跨区,就以登记的方式来解决问题,即谁先登记,谁就拥有报价基准点优势。

与明纬合作30多年来,邱瑞礼对明纬始终充满信赖。

"明纬要求自己强大,也会要合作伙伴一起跟上。"邱瑞礼继续说。明纬会希望经销商拥有专属团队来销售明纬电源、提供服务。目前,台瓷自动化工业股份有限公司就有6个人专门负责明纬产品的销售、维修、营销。明纬的目的就是希望经销伙伴能自立自强,不断超越自我。

供应商与协力厂伙伴

明纬不只对经销伙伴很用心,对供应商与协力厂,同样认真对待,一路走来,始终如一。

与明纬已携手32年的上毅电子,是明纬合作最久的协力厂。腼腆而踏实的老板曾万庆以及老板娘廖美丽回忆说，从明纬在板桥老公寓的初创时期，他们就和明纬开始合作，刚搭上线时还互不相识，后来聊起来才发现自己是林国栋老家的邻居，亲切感也就更深了一层。

在漫长的合作岁月里，他们也是谨守"默默打拼，做好质量，才会有好产品"的原则，因此与明纬很有默契。多年来彼此合作关系稳固，他们信赖明纬的原因，同样来自明纬的坦诚相待。

"由于明纬的订单本来就很稳，所以令人很安心，让我们能把人力需求、料况掌握得很精确，协力厂也比较好做事。如果需要赶货，我们也会全力支援，努力跟上。尤其明纬每年都会公布预测产量，让协力厂比较容易安排人力，员工的生计也比较有保障。

"明纬前往大陆设厂前，也跟台湾这边的协力厂坦诚沟通，让合作伙伴知道有什么机型的生产会移出，哪些产品会增加。明纬也会邀请台湾协力厂到广州明纬厂区观摩，让我们更清楚未来发展的方向，真的是很佩服明纬的远见。"

曾万庆夫妇对明纬赞不绝口。

这些例子说明，坦诚相待，才会赢得人心。

明纬与合作伙伴的关系，不只建立在"坦诚相待"之上，还体现在努力实现与合作伙伴的"共好"方面。

明纬从不把"共好"挂在嘴边，因此外人不太容易察觉到。但这种理念的确促使明纬不断自我提升，同时也持续推动合作伙伴成长。

上毅电子的老板曾万庆回顾说，2005年左右，为配合欧盟国际认证，"从材料到制程，从有铅到无铅，从简单机型到复杂机型，全部都必须改变！"当时对协力厂来说，这的确是很困难的转型，除了大幅更换生产机器外，厂房也从板桥搬到了中和现址。

林国栋交代主管尽力协助伙伴升级，比如与上毅电子已对接10多年

信赖伙伴的力量

的明纬主管颜君璞,就主动协助上毅电子寻找合适的生产机器,尽可能减少合作伙伴转型的痛苦。经过一两年的调整后,上毅电子的生产能力更强了。

另外,1992年成立、专攻电容电阻与被动组件的华新科技股份有限公司,是与明纬合作超过25年的供货商伙伴,近三年更被明纬列入策略合作伙伴,他们最深的感受,就是明纬极度重视承诺努力维系长期合作关系。

华新科技股份有限公司苏州厂总经理游明雄,以及该公司大中华业务事务部网络通信处长陈舜元所说的话,说明了力挺伙伴的明纬,如何令人另眼相看。

"由于明纬极度低调,因此在未上市的情况下,供应商也无法进行征信,很难知道经营的稳定度。为了让合作伙伴能放心,明纬甚至愿意提供机密的财务报表取信于人,展示建立长期合作的诚意,这一点,让人既惊讶又感动。

"华新有几百家客户,明纬现在已经排名前二十。反观明纬的供应商没有那么多,一旦进入信任圈,就会真心把对方当自己人;这就是人们常说的'惜情',认定对方值得信赖后,就是稳固而长久的合作。"

在和合作伙伴的关系中,除了信任、惜情外,明纬还很愿意提携供应商,和他们一起共渡难关,实现"共好"。企业经理人洪启文、洪健文是两兄弟,分别担任杰信工业股份有限公司总经理和苏州扬麒电子工业有限公司总经理,在经营企业的路上,他们曾经遇到困难,得到过明纬的鼎力帮助,因此格外感念明纬的恩情。

正是这份发自内心的认同,让他们成为明纬最忠实的供应商伙伴。

洪启文与洪健文表示,创立于1976年的扬麒电子工业有限公司,在1995年就配合客户到苏州设厂,当时是好几家品牌的优良供应商,因此有了与明纬合作的机会。

第二部 御风而行

第六章 40年的信赖，在胼手胝足中崛起

明纬重视承诺并努力维系与合作伙伴的关系，从每年供应商大会上林国栋总是走入伙伴中间听取建言中可见一斑

至于杰信工业股份有限公司，原本事业重心在PC与TV产业，但2001年左右，显示屏市场出现转型，在从CRT（球面影像管屏幕）到LCD（液晶显示器）的转变过程中，整个市场面临重整，因此杰信工业股份有限公司遇到了一些困难，后来在明纬的帮助下，才踏入工业用电源驱动器的领域。

兄弟俩回忆往事时，将这段在转型之中来之不易的与明纬的缘分娓娓道来：

"杰信会与明纬合作，是在相当偶然与艰困的情况下开始的。2002年左右，由于资讯类产品需求衰退，我们遇上经营困局，在几次与明纬接触拜访，并等待数月之后，终于有了与明纬合作的试做机会。

"一开始首年，每月的营业往来其实只有大约2500美元，且下单跟交期都相当紧凑，大概只有两周的时间。明纬在挑选新合作伙伴时，一开始都只小量配合，看看能否合作。当时因为交期都很短，我们甚至抱着赔本

信赖伙伴的力量

的准备，用空运也要准时交货。大约一年之后，彼此才有更多合作机会，可以看出明纬对于合作伙伴的慎选。

"当时明纬已经主攻工业用产品，又主打自有品牌，与我们多做消费型产品，且多为欧美品牌代工，方向很不一样，因此需要经过一些磨合。

"经过一年的揣摩，我们慢慢抓住明纬的需求，知道怎么掌握备料，慢慢把空运费用降低下来。当时我们是最小的供应商，也是最边缘的供应商，只能把品质、交期、价格都先掌握好。明纬看到我们可以应付得来，就慢慢把订货量往上加，合作也愈来愈密切。

"让我们印象很深的是，我们双方开始合作后不久，林先生在2003年左右到香港参展，临时表示要到我们工厂来看看，他认为变压器也是电源的心脏，而且明纬在创业初期也做过变压器，因而对此非常重视，特别到我们厂里，很仔细地看了我们的制程流程，让人感受到他对于品质要求的重视。

"不只给了我们转型的机会，明纬也在合作过程中展现了义气。

"2006年明纬到苏州设厂后，我们双方理应开始展开更进一步的合作，不过，因为我们在苏州扬麒的经理人团队出了问题，反而没占到地利之便，直到2011年底我们重掌公司进行组织改造，才大幅改善品质、交期，使订单重新上升，到了2018年，达到2400万美元的交易额。

"在那段状况最不好的时候，有人甚至建议我们干脆退股，不过我们始终认为，应该要给客户一个交代，因此我们兄弟重整扬麒，并把苏州扬麒跟台湾杰信的业务进行更为紧密的结合。

"回想起来，我们在这个产业已经快30年，从消费性产品到现在的工业用产品，很多知名品牌都曾经是我们的客户。不过我们特别感谢林先生愿意给我们机会，因为当时是我们自己公司内部出了问题，在处境最艰难的时候，明纬并未离我们而去。

第六章 40年的信赖，在胼手胝足中崛起

"现在跟明纬合作，虽然生意规模越来越大，但我们晚上反而可以睡得很安稳，不必总是提心吊胆，战战兢兢，因为明纬是自有品牌，而且很讲诚信，对比我们之前合作的很多大厂，常常只重利益，不太讲道义，有很大的差别。

"尤其早期，我们作为一些大厂的供应商，心里其实满腹委屈，举例来说，很多合作厂商会重复下单，同时向两家供应商订货，看谁先交，就买谁的产品。

"但是明纬绝不会这样对待供应商，它如果需要一批商品，会将订单拆分给两三家供应商，并精确估算各家供货量。也正是因为明纬从不重复下单，所以它有一个要求，就是供应商绝不能开天窗，一定要使命必达。它订100台，你不能交99台，也不能交101台。

扬麒电子工业有限公司总经理洪健文（右二）向参访的明纬团队介绍生产过程

信赖伙伴的力量

"我们虽然是后来才加入明纬的供应链，可是很快便了解明纬的做事风格与要求，也很快在产线上自我调整。也是因为经过了这样的调整，我们可以赶上2008年金融海啸后的快速回弹，让营运逐渐回到正轨。

"过往，品牌跟供应商合作时，资金压力往往都落在我们供应商身上。但是跟明纬合作，虽然也有压力，不过它的订单算得很精准，而且重点是极讲诚信，因此可以放心按照他们的需求去备料，就算先有资金压力，还是安心，因为明纬绝对会言出必行，信守承诺。

"我们这一行，不可能会有突然的暴利，只能靠管理把微薄的利润累积起来。林先生甚至还会主动来问我们有没有赚钱，因为他知道如果伙伴一直赔钱苦撑，对明纬来说也有风险。因此他非常坚持善待伙伴，也常常提醒我们要保有竞争力，持续砥砺、提醒自己。

"我们从与明纬的合作中，体会到这段合作关系要长长久久，就要不断自我提升，跟上时代。

"多年下来，我们深刻感受着明纬对伙伴关系的重视；也是由于心中有一份真正的感激与敬重，因此只要明纬有需求，我们一定会把明纬放在第一位，从行动中体现'信赖伙伴的力量'。"

第一部　展翅待飞

第二部　御风而行

📍**第三部　万里翱翔**

第四部　航向未来

明 MEAN WELL 纬
信赖伙伴的力量

第七章

大陆伙伴：
抓住改革开放契机

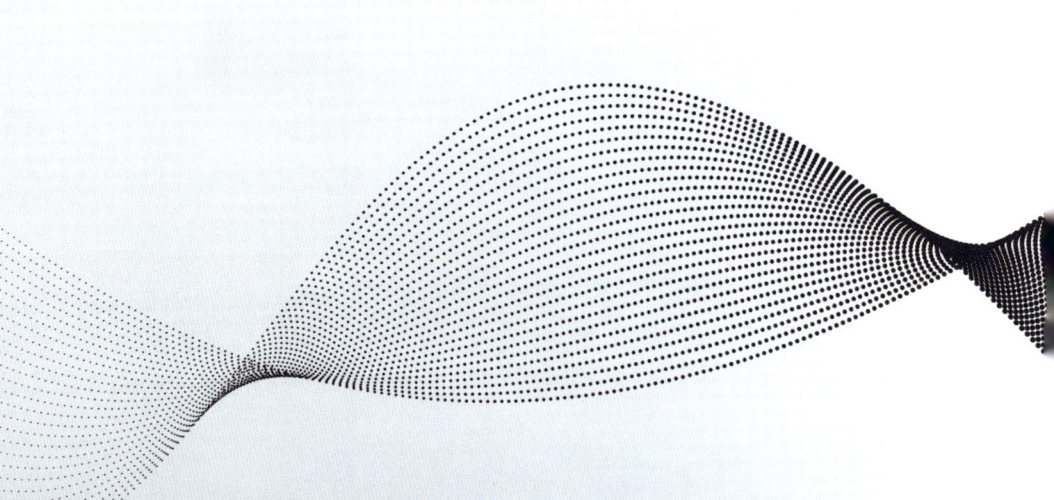

信赖伙伴的力量

对明纬人来说，2019年3月31日是个值得回味的日子。

虽仍值春寒料峭时节，但当日天公作美，早晨太阳一出，顿时煦暖起来。林国栋与年年聚首的大陆地区经销商们起了个大早，由山麓的泰安市区浩浩荡荡出发，准备徒步挑战"五岳之首"泰山，去感受可以"小天下"的壮阔景色。

泰山在中国地位崇高，同时还被列入联合国教科文组织《世界遗产名录》，而且具有世界文化遗产与世界自然遗产的"双重身份"。

一路上不断地上坡，林国栋虽不免疲累，但仍津津有味地听着导游讲解历代帝王来此封禅祭祀的典故以及那些历朝文人留下的碑帖诗文。

走走歇歇，好不容易通过了海拔847米的中天门。再加一把劲，终于登上了海拔1460米的南天门。这就如同人生，总在自我超越，但向上再攀一步，从来都不容易。

回头看看团队成员，尽管大伙已经气喘吁吁，但都神情愉快。

再奋力向前走了一段后，终于抵达玉皇顶。一行人开心列队，在巨石碑前留下合影，将欢乐的瞬间定格在照片之中。

仔细回看这张照片，照片中的每张脸孔都在阳光下灿烂笑着，里面有来自台湾、广州、苏州三地的明纬员工，从最资深的员工、中生代员工到新生代员工都有。此外，还有来自各省的经销商团队，他们来自大江南北，从各地齐聚山东，共享这场盛会。

自2002年首度在广州举办大陆地区经销商会议起，连续18个年头，明纬年年都在不同城市召开大陆地区经销商会议，通过会议将合作伙伴的情感凝聚起来。

但这股凝聚伙伴的力量来之不易。

一切都得回到1992年。

如果当年的故事没有发生，那么也就不会有今日看到的照片，这趟难

第三部　万里翱翔

第七章　大陆伙伴：抓住改革开放契机

忘的泰山之旅，也就不会存在！

林国栋先生和伙伴们一起登泰山

20世纪八九十年代，当时整个中国都坐在改革开放的巨轮上大步向前。自1978年起实施的"对内改革，对外开放"的政策得到了延续，企业不再全部由国家控管，国家鼓励国企与外商及港澳台商投资企业合作，台商也被允许进入大陆市场，这为台湾企业进入大陆市场带来契机。

1992年距离明纬创业的1982年其实没有多远。不过，随着业绩连年爆发，创业10年的明纬开始投石问路，准备走出台湾地区，寻找新的成长动能。

创业10年后再一次开疆拓土

在进入大陆开疆拓土的前期，除了林国栋外，投入最多的明纬主管，当属翁国祯、王飞隆、陈鸿俊三人。

信赖伙伴的力量

如今已退休三年的王飞隆是昔日与林国栋一块在大同高工求学的同窗。两人毕业后，又与翁国祯一起在大同服务站担任技术员。1982年明纬创立后，三人又凑在一起，决定为人生再拼搏一次。

"从家电产业转到电源产业，其实是既期待，又怕受伤害。"王飞隆幽默地形容，"不过还是得冒一下险，不然怕将来没机会。"

怀着这样的心情，王飞隆和翁国祯这两个昔日的同窗跟同僚加入了林国栋的创业行动。个性比较活泼的王飞隆主跑业务，相对内向的翁国祯负责制造生产与制造管理，分工协作，一同闯荡电源产业。

至于曾担任制造系统总监的陈鸿俊，则是在1997年进入明纬。他之前本来就要因为工作需要被派驻大陆，但怕无法兼顾家庭而辞去了职务。没想到绕了一圈后，他还是在几年后重新进入大陆，成为苏州明纬披荆斩棘的先锋。

谈起征战大陆市场的过程，三人有无数难忘的回忆。

打头阵的是翁国祯，他在1992年前往大陆，协助创立广东明伟电子有限公司［简称"广东明伟"，那时候用的还是"伟"字，现为明纬（广州）电子有限公司］。

翁国祯说，当时双方谈的是合作，而不是合资，因为是外资自负盈亏，大陆并不出资。最后敲定的大陆合作单位是广东省计算中心，业务偏重编写软件，其本质上是一家软件公司，在国企改革的背景下，也开始尝试与外企开展合作。

现任苏州协纬科技股份有限公司总经理尹晓明也参与了这项合作，他回忆起初识林国栋的情景，说了一件令人会心一笑的趣事：

"我工作的广东省计算中心，其主要任务是研发，后来也想投入创发或与外资合作，因此，1992年5月，在一位姓钟的老师的牵线下，林先生前来我们单位考察。当时我们工厂的规模很小，是利用省科委大楼的天台花

第七章　大陆伙伴：抓住改革开放契机

园改建而成的，大概只有170平方米，主要生产计算机屏幕与计算机功能卡板。

"在聊天当中，林先生问我：'做过电源吗？'我说有，并随手拿了一台给他看。林先生接过后哈哈大笑说：'尹经理，你在模仿明纬电源！'

"原来，我给林先生看的，正是一台明纬生产的T-50电源，我的一位朋友拿来让我拆解，分析一下可否自行生产制造，结果我竟然拿给明纬的老板看，还大言不惭地说有做过电源，真是撞到枪口上了！"

这是尹晓明第一次听到"明纬"这个品牌，就在这个"不打不相识"的特别情境下。

后来，明纬在1993年决定与广东省计算中心合作，并订下10年合同，由广东省计算中心方提供场地，明纬提供资金，共同成立广东明伟电子有限公司，并在1994年2月28日正式开工建设。

广东明纬成立之初，工厂面积仅有170平方米，办公面积更是只有可怜的80平方米。明纬派来翁国祯与王飞隆担任主管，广东省计算中心则派出了尹晓明等三位员工一起工作。公司刚开始时仅有二三十名员工，每月生产5000台MWP-602/502电源。

让尹晓明特别难忘的是，广东明纬成立之初，市场还不是很活跃，为使生产能够持续顺利进行，林国栋承诺一年会有6万台电源的加工量，如果数量不足，每少1台就补贴1元人民币的加工费。

虽然最早的电源生产量的确是一年不足6万台，但林国栋果真兑现了诺言，完全补足保底加工费，展现了他说到做到的爽快风格。

那时担任广东明纬总经理的王飞隆提起，尚未与大陆开展合作并正式投产之前，台湾制造的电源都是通过转口贸易进入大陆，非常不易。

"由于当时还没开放自由进出口，因此，明纬的产品需要通过代理进口的方式经香港运进内地，存在不小的风险。进口代理商会再作价将商品卖

信赖伙伴的力量

给明纬，因此要先付款才能拿到商品。有时付了款后会担心进口代理商不交货，或是进口代理商高价低报，引来海关清查，导致耽误时间，使客户的交货期被迫延后。公司临下班时接到海关电话通知要来查商品的事时常发生，令人疲于奔命。"

1993年成立的广东明纬首次参展（左一为林国栋，右一为翁国祯）

翁国祯也深有同感，说："这的确令人头痛。通过代理商进口，一天到晚出问题。"

广东明纬的顺利投产解决了这种需要经过转口贸易的窘境。

明纬在广州市花都区的厂房设备新颖而齐全，是明纬在大陆的制造中心，但其实明纬苏州厂的设立要早于花都厂。

参与苏州明纬建厂的陈鸿俊回忆说，自己是在 2003 年 5 月，也就是 SARS（严重急性呼吸综合征）肆虐最严重期间抵达的广州，一待就是 78

第三部 万里翱翔

第七章 大陆伙伴：抓住改革开放契机

天，返台后还要在营区隔离 7 天以上才能到公司述职，这段经历令他终生难忘。

时逢中国加入 WTO（世界贸易组织）后不久，私营企业处于崛起前夕，内外销蓄势待发。陈鸿俊印象最深的是，由于业务不断爆发性增长，办公、制造与物流等空间不敷使用，广州明纬自 2003 年 11 月起，几乎每半年就增租场地、扩线、装修、搬迁，后来还引进了外包协力厂，将负责生技工程的组织扩展为研发工程部，积极招募相关专业的大专、本科毕业生，以满足公司业绩增长带来的需求。

2005 年 7 月，王飞隆领头成立了华东业务部，评估在华东地区建厂的可行性。

2006 年 3 月 24—26 日，明纬在苏州市相城区黄埭镇的春申湖大酒店召开当年度的大陆地区经销商会议，会议期间，林国栋亲自与当地镇政府签订了约 15 亩（1 亩 ≈ 666.6 平方米）土地及 8100 平方米毛坯厂房的购买合同，随即办理了苏州明纬的营业执照申请手续。6 月 9 日取得营业执照后，苏州明纬对毛坯厂房进行了改造装修，制订制造生产计划。9 月 16 日，广州厂调派了 10 名间接准干部人员到苏州，与华东业务部的工作人员一起开展海关保税的仪器设备安装、加工手册的材料报关进厂等工作，紧锣密鼓地筹备，应对第一次海关验厂、加工手册核准等，连国庆假期都没有休息。

10 月 12 日，广州厂又调派了 10 名人员到苏州厂，协助在当地开展招聘员工的工作。10 月 18 日，苏州厂制造的第一台明纬电源正式下线。算起来，从取得营业执照到生产线架设再到第一件产品下线，这一切都是在 4 个月内火速完成。在 18 日当晚的庆功宴上，林国栋发表公开讲话勉励开厂员工，期待未来苏州厂能快、稳、准地产出一百万台、一千万台甚至一亿台明纬电源！如今，10 多个年头过去了，这些目标正一个个被实现。

信赖伙伴的力量

虽然硬件快速到位，但管理的隐忧逐渐显现。为了应对此情况，陈鸿俊给新进员工安排了大量的业务培训，诸如认识零件、焊锡训练、仪器贴纸标记、传阅作业指导书并在背面签名、朗读员工手册，生产线干部每天要召开20分钟早会，坚定目标与精神。为了培训员工，苏州厂厂长郑敏郎也是使出浑身解数，搞得声音沙哑了，数月才痊愈。

苏州明纬厂房现况

令陈鸿俊毕生难忘的是，苏州明纬在开厂的那年春节前在苏州当地招聘了130余名员工，结果竟有100余人在春节前10天内离职，几乎"全军覆没"。

怎会发生如此戏剧化的状况呢？原来，那些员工大多来自四川、河南、河北，离职是为了能在春节前回家过年。"他们有点像吉卜赛人，成群结队到处打工，落脚一阵子之后，手上有了钱，就又换一个地方。"陈鸿俊说。

第三部　万里翱翔

第七章　大陆伙伴：抓住改革开放契机

虽然遇上过年，但工厂还是得加紧赶货，怎么办？

陈鸿俊紧急发动管理部门及各级干部，四处张贴招聘广告，招聘临时工填补人力缺口。最后，用"重赏"招来了"勇夫"，填补了用工缺口，及时完成了交货任务，陈鸿俊才敢返回台湾过春节。"不过，好不容易教会了员工怎么作业，结果又要换人，这人员流动性太强了，实在是心事谁人知！"

不经一事，不长一智，这件事给陈鸿俊上了一课。他发现，招工不能集中招特定省份的人，否则工人们都是同乡，很容易一有人吆喝就同时撤走，而且，新进员工至少要经历半年到一年的磨合期才能安下心来工作。

后来，苏州明纬调整了雇佣方式，实施了联保制，介绍人如果能让来自同一省份的工人做满三个月，便可领取介绍费；年终奖金分成三份，过年时先给2/3，到5月份时再给余下的1/3，从而避免发生员工在年前"整批逃跑"的情况。

为了让军心更稳定，苏州明纬也提高了员工福利，不仅待遇比其他工厂优渥，还每年根据居民生活水平的变化调整薪资，同时更强调人性化管理，在餐厅增设多台计算机让员工上网，增设福利站以方便员工购买生活用品。

由于苏州明纬提供的薪资福利比很多工厂都好，所以口碑在当地逐渐传开，很多求职者自己会慕名而来，这让陈鸿俊很欣慰："之前怕招不到人，现在我们反而到招募时都很害怕，因为每次一开放报名，踊跃前来的人总把公司大门挤得水泄不通！"

进入大陆后，明纬在人力管理方面被上了一课，不过在应对商业风险方面成绩优异。

几乎所有的企业都怕遇上"三角债"，但明纬却可以做到"零呆账"。所谓"三角债"，是指不同企业间互相拖欠货款，形成连锁债务关系。比方 A 企业欠 B 企业的债，B 企业欠 C 企业的债，而 C 企业又欠 A 企业的债，形成一个"债务链"。

"做生意若不放款，规模就做不大，但我们也不会为了抢生意就随便放款。"王飞隆说。

明纬的策略是，前半年先由小额现金交易做起，看到对方的资金与偿债能力没问题了，再慢慢扩大交易规模。"因此，真正看到对方公司倒闭、必须走法律途径清偿的状况并不多。"在退休前能保持"零呆账"的纪录，没让明纬蒙受重大损失，实现了业务在稳健中求发展，这让王飞隆感到非常安慰。

而最让翁国祯难忘的则是不断搬厂这件事。"明纬广州的业务不断增长，即便搬厂非常累，但还是一定要做！"翁国祯回忆道。

全程参与了多次搬厂工作的尹晓明坐在天河区粤安工业园区内的明纬办公室里，耐心讲述了广州明纬如何发展至拥有花都厂的来龙去脉：

"在1996年到1997年的亚洲金融危机期间，广州明纬也曾有被迫将60多位员工裁至只剩9位员工的经历，不过随着产品销路逐渐打开，我们的产品也转向工控领域电源，原有工厂已不能满足需求。因此，在1999年初，我们将工厂迁至天河科技园，有1000平方米的厂房可以使用。2002年初又迁至天河粤安工业园，厂房面积同样是1000平方米。

"随着高速成长期到来，广州明纬的生产场地及生产规模又持续扩张，到了2010年，在粤安工业园承租的厂房面积达到了约4500平方米。

"由于以租户身份承租厂房来搞生产往往会受到许多牵制，因此在2007年我建议林先生购地自建厂房。经过许多波折后，最后在2010年底于花都区购置了43亩土地用于建设明纬的广州基地，并在2014年8月31日破土动工。"

从2010年筹备新厂开始，广州明纬几乎年年都在扩大规模，增租更

第七章　大陆伙伴：抓住改革开放契机

多的空间。最极致的时期，广州明纬同时在天河区的粤安工业园、花都区的国光工业园、亚马逊工业园及金谷工业园内拥有4处厂房，面积多达15500平方米。

从1994年到2014年，经过20年的不断成长，广州明纬的名字从"广东明伟电子有限公司"变成了"明纬（广州）电子有限公司"，成为明纬在大陆的营运中心，厂房面积是最初的60倍，产量更是翻了300倍。

在将生产、制造、管理整合为一的策略引导下，2016年4月，广州明纬花都厂竣工验收，散居各地的4个工厂陆续迁入新厂。10月，花都厂正式启用，掀开了明纬扎根大陆发展的历史新一页。

明纬对大陆经销商实行分层管理，建立竞合市场，一边不断强化生产制造实力，一边建立起坚实的本地营运团队，乘着改革开放的东风进入大陆，用20多年的时间实现了标准电源领域全球第一的目标。论功劳，散布于全国各地的经销商团队绝对是功不可没。

从1995年在北京、上海、广州设立3家经销商开始，明纬逐渐拓展大陆经销商的规模，并将经销商分为第一级（D1）、第二级（D2）等各种等级，慢慢经营起来。

早期，一个省份或一座城市的销售由一家经销商统掌，但是随着市场的蓬勃发展，林国栋决定在同一地区的市场中逐渐加入新的经销商，用"鲶鱼效应"刺激经销商，各家经销商之间既互相竞争，又合作共存。

"一家独占，就失去了把饼做大的机会。"林国栋坚信，经销商体系在壮大后才会开枝散叶，达到"一加一大于二"的效果。

目前，明纬在大陆共有27家D1经销商、15家D2经销商，试销商（DP）与分销商（DS）则各有13家，特殊类型的经销商有5家，各级经销授权展售店的数量也在持续增加之中。

● 信赖伙伴的力量

明纬广州基地花都新厂于2016年落成启用后，跃升为明纬在大陆的营运中心

林国栋对这些经销伙伴，心里除了感谢，还是感谢。他很感慨地说，这几年风尘仆仆地四处奔走拓展业务，已经绕了好几圈地球，认识了很多新朋友，但绝不会忘掉老朋友。对他来说，与经销商之间的情谊不会轻易改变。

但可以想象得到，在这20多年的发展之中，要推动变革，建立经销制度，又要保持彼此之间的感情与信赖，肯定不是一件容易的事。

"我还记得2002年第一次召开经销商大会时，全场可以说是'炮声隆隆'，现在比当初已经好了许多，彼此都能以诚相待。"林国栋回顾时说道。他肯定这是一种进步、一种成长。

北京中自恒立技术有限公司负责人刘丽与陈昌彦，早在1993年就已开始与明纬合作，是最早与明纬携手的大陆经销商之一。

刘丽回顾过往时说："每次快到召开经销商会议的时候，心里总会有

第三部 万里翱翔
第七章 大陆伙伴：抓住改革开放契机

点期待，每回参加后也都有不同的收获。光从心理层面来看，明纬能够组织这样的会议，就表示它对经营还是很有企图心，也会让经销商充满信心。每次的经销商会议，明纬都会拿出新的产品、策略与市场观察与我们分享，对我们而言，就如同充了一次电。尤其是明纬会与经销商分享未来的方向与政策，可以帮助经销商看清楚市场。"

与最初相比，大陆地区经销商会议已经发生了很大的变化。

"最早的时候，经销商一见面就吵架，争着向明纬告状。有时因为谁比谁拿货便宜了几块钱而争执不休，明纬得开展大量协调工作，可以说是苦口婆心。"刘丽与陈昌彦回顾起最初的会议场景，表示在利益冲突之下，会议气氛很不好。

经过多年的协调与对经销方案进行修正，再加上经销商自己的觉悟也在不断提高，如今明纬的伙伴们已经懂得如何去面对彼此之间的竞争。

"我看到明纬在这方面下了很多功夫，所以即使现在市场竞争比过去还激烈，但经销商见了面态度都很平和，彼此很友好。"这两位跟着明纬一同成长的合作伙伴都对会议气氛的转变深有体会。

"后来明纬在策略上也作出调整，出台一些扶持政策，给予新进的经销商特别照顾，确保他们的生意有利可图，我认为这个做法是很厚道的。"刘丽客观地评价道，"虽然竞争在短期内会影响到我们的利益，但从长远来看，这的确可以促进彼此共同发展，一起成长。"

"这个道理很简单。比如说，食品一条街上都是餐饮店，大家的生意都会特别好。相反，如果只有你自己孤零零一家店，虽然没有竞争者，但生意反而好不了。"从刘丽的这个举例中我们可以看出，经销商们也会从比较乐观的角度来思考问题：虽然竞争是必然的，但是"共同出击"也有好处。

信赖伙伴的力量

2019年的大陆经销商会议于山东省举办,大家通过议题讨论发展方案、凝聚共识

明纬在大陆的首批经销商之一——上海乐兹科技发展有限公司的总经理彭侃,同样也以开放的心态来看待双方多年来的合作以及商业形势的演变。

毕业于上海交通大学、专攻工业自动化的彭侃开玩笑说,自己名字里有个"侃"字,意思就是"善言",因此很能"侃侃而谈"。他回忆说,他之前在江苏的学校教书,1989年才经叔叔介绍认识了林国栋,当年他们都是35岁。

彭侃回顾,与明纬合作后,他的公司第一年的营业额就达到200多万元人民币,成绩不俗。他觉得这个生意很有潜力,于是在2001年成立了上海乐兹科技发展有限公司,自己负责上海市场,弟弟负责北京市场,另外,还有专人负责广州市场,慢慢地发展为业绩最佳的大陆经销商之一。

第三部　万里翱翔

第七章　大陆伙伴：抓住改革开放契机

从一开始不太会做生意，到后来连续拿到销售冠军，彭侃回想起来，认为 2008 年是个转折点。那一年他的公司年营业额飞跃式增长，达到 6000 万元人民币，而如今公司年营业额超过 4 亿元人民币，算下来，每年的增长率都在 20% 以上，公司的管理也参考了明纬的管理模式。

"我认为电源是'朝阳产业'，还有很大发展空间。因为你看，所有电子产品都得用到电源，整体市场可以达到 2000 亿元人民币的规模。从明纬在大陆的全年营收来看，还是大有可为的，而且明纬的产品质量好，大家现在都要好东西，因此潜力更是无穷。"

彭侃对电源市场和明纬产品质量充满信心。

很多经销商与明纬都是 30 年的伙伴关系，到现在关系还是非常密切。林国栋与这些长久合作的经销伙伴们见面时，依然会花上几小时与他们交换意见。

很多人好奇：随着明纬业务的不断扩展，经销商的"地盘"或者利益一定会面临被重新划分的局面，那为什么他们可以从当初互不相让地争吵，变成如今的平静面对？

"这就好像公交车上搭载了很多乘客，有的先上车，有的后上车，但先上来的人总不能阻挡后面的人上车，而且随着业务扩展，肯定会有更多人'上车'，'车'里只会越来越拥挤。"彭侃在给出一个比喻之后又分析道。资深的经销商与明纬更有默契，那是因为彼此间有了共同的信念，而那些新加入的伙伴也需要怀有共同的理念，才能凝聚在一起。

"有事情就必须沟通，跨区交易等竞争行为更需要有守有为。"彭侃认为，只要大家约定好游戏规则，就不会为了近利而犯规。

这样的认同感也让伙伴关系延续到了经销商的下一代。彭弋是彭侃的孩子，高中时就去新西兰念书，大学学的是电子与机械。彭弋读书时就在奥克兰自己搭建网站，做二手商品生意，卖硬盘等计算机配件。后来他决

信赖伙伴的力量

定在新西兰创业，成为明纬在当地的经销商。明纬在 2008 年进入新西兰市场后，表现不俗，奥克兰国际机场的电源驱动系统中就有明纬的产品。

彭式同时还帮助彭侃照顾在上海的生意，他将网络营销等创意注入经营之中，顺应市场的改变。"他利用懂大数据的专长，建立起 ERP 管理系统，加强对成本、质量、库存的管控，这也是受到了明纬的启发。"彭侃说。

彭侃、彭式父子两人都成为明纬的忠实伙伴，这样的代际传承令林国栋内心很感慨，也很欣慰。

明纬人口中的"叶老师"——叶兴伟，也是在 20 世纪 90 年代开始与明纬合作，后来成立了杭州科瑞自动化技术有限公司，成为明纬在杭州地区的经销商。对于明纬，他给出一个十分肯定的评价——诚信！

叶兴伟 1988 年毕业于电子专业，后来留在大学教书。他从年轻时起就有很强烈的开创事业的念头，因此即使在学校任教，也没放弃拥有自己事业的梦想。正因为是电子专业出身，因此他很早就看出明纬是一家很有前途的公司，并最终决定选择它作为事业伙伴。

"当初我在广东老家接触到从国外进来的拆机电源，发现这些进口电源不但价钱很贵，而且想买还不一定买得到，因此当时我就想把这类型的电源引进杭州。在 1988 年那个时候，市场上的电源多为日本品牌，但品种与数量都不太多。几年后，我看到明纬的电源质量稳定，不比日本电源逊色，就直接找上门洽谈代理。

"我在表达想做经销商的意愿后，明纬给出了积极响应，于是我就开始买进一些电源产品来销售。当时的汇款还不像现在这么便利，相当麻烦，但我很希望能与明纬发展成为长期合作的伙伴关系，因此主动提出可以支付预付款的想法，每次先付 10 万元或 20 万元，货一发完，我就补上款项。

第七章　大陆伙伴：抓住改革开放契机

"那时会这样做的人并不多，但我对明纬有信心，我信赖明纬，相信明纬不会逃跑，这个险值得冒。"

明纬刚进入大陆时总是小心提防摊上"三角债"，担心货款追讨无门，但后来，反倒是经销商愿意先预付货款给明纬。那份深植于明纬与经销商伙伴之间的信赖，从这个小故事中就可以看得出来。

回顾起来，明纬大陆地区经销商团队的发展，2000年和2005年是时间上的两道分水岭。2000年前后有一波创业潮，2005年前后又有另一波。

比如，深圳威明科技有限公司、武汉亚光电子有限公司、苏州自动化公司、品鑫科技公司都是在2000年成立的，而上海乐兹科技发展有限公司（成立于2001年）、河南澳达科技发展有限公司（成立于1998年）也成立于相近的时间点。

2005年前后成立的公司则有北京中自恒立技术有限公司（成立于2004年）、沈阳市快捷通联科技有限公司（成立于2004年）、天津泰德力科技有限公司（成立于2007年）、济南天纳科技有限公司（成立于2007年）等。

不管是在哪一波创业潮中成立的公司，只有紧跟市场、把握机会，才能攀上事业的高峰。关于这一点，目前明纬大陆地区经销商的业绩冠军深圳威明科技有限公司最有感触。

与合伙人陈小姐共同创业的深圳威明科技有限公司总经理苏萱晖，通过饶有趣味的故事生动描述了这一路走来的历程：

"我1994年来到深圳，投身显示屏行业，当时明纬电源在显示屏这一领域得到的评价就已经相当不错。我与合伙人陈小姐在1999年共同成立威明科技后，从原来任职的公司取得明纬产品的经销权，开始在深圳销售明纬产品，原来任职的公司也持续通过我们拿货。我们就是这样从无到有，赚到了第一桶金。

信赖伙伴的力量

"原本,我想做的是显示屏的零组件销售,毕竟我对这行比较熟悉。后来,我看到那时国产品牌的电源良率虽不高,价格却不低,还常缺货,甚至还得拿钱等货,虽然我不是电子专业出身,但也有了三五年的经验,看到这个现象,我就觉得其中有商机。

"市场是公开竞争的,我们也会把市场上其他品牌的电源买回来跟明纬的电源进行比较,发现质量就是不一样。

"创业之后,威明科技在'中国电子第一街'华强北设立了一个展柜,当时卖电源的人不多,竞争还不激烈。现在回头看当时的电子产品销售行业环境,会觉得虽然还有很多不足,但生命力旺盛,发展得蛮好的。

"回想起我们与明纬洽谈经销合作时,有一件有趣的往事值得一提。当时广州明纬的王总(王飞隆)开出一年80万元人民币销售额的业绩条件,才愿意授权给我。当时我心想:'这门槛也太低了吧!会不会是看不起我们?'因为我之前做显示屏业务,一张单子签下来销售额都好几百万元人民币。

"没想到,当真正开始做电源,我才深觉完成这个目标其实不容易。当时自己对电源什么都不懂,也不是科班出身,只是心想:'人家定了这么低的目标,如果还做不起来,岂不是会让人笑话?'

"我当时连电源上哪里是输出接口、哪里是输入接口都搞不懂,只好天天抱着电源去找工程师吃饭,请人教我到底怎么接。虽然不懂的东西很多,但我也只能硬着头皮学,我想,既然要做,那么就花心思把它搞懂。

"由于很多电源的应用都是在显示屏产业,因此我跟客户学到一点,就用一点。有时候说错了,就赶快赔不是,承认自己还在学。

"就这样,一路摸爬过来,我真正体会到创业要踏实,不会就承认不会,并且赶快学习补弱。我的做法是先跟明纬请教一点,客户也教我一点,自己再经过消化吸收,慢慢就跟上来了。

第三部　万里翱翔

第七章　大陆伙伴：抓住改革开放契机

"后来我也跟威明的业务团队一再强调，不懂的就要承认不懂，不要不懂装懂，一定要脚踏实地，敢于面对问题。

"随着第一波客户成功锁定显示屏产业，我们首年业绩就做到两百万元，之后每一年都增长，到了2012年、2013年，已经破亿（元），而我始终坚持只代理明纬单一品牌。

"一开始，我还是只抱着试试看的心态，慢慢地，我体悟到专业与投入的重要性，要有真正的团队、专业的管理才行，明纬的主管也不吝与我分享很多管理上的心得，协助我们更上一层楼。

"这么多年来，当然也会有其他的机会来诱惑我们，希望我们不只做电源，也投入其他电子产品的经销。很多人会觉得，既然我是明纬的通路商，手上有这么多客户群，顺道销售其他产品应该不难。

"但我认为，人的精力有限，把手上这一样做好比较重要。一件事做到专业程度时，自然就可以脱颖而出。

"我想，女人的想法跟男人很不一样（笑），男人可能想的是怎样开疆辟土，野心更大一点，而我不需要代理很多不同品牌，一辈子只要把一件事真正做到最好就对了。我跟我的合伙人，还有我们跟明纬之间，就是这样合作互助，一起走上来的。

"想起以前，我记得是2002年，第一次在广州召开经销商会议时，北京中自已经是当时明纬在大陆最大的经销商。那时我看着北京的姐姐手上有1000万元年营业额，自己还只有三四百万元时，心里非常崇拜（他们）。

"后来我自己很努力，深圳的照明类客户也比较多，刚好赶上LED产业大爆发，业绩一直不断翻倍，现在我们不但与其他经销商平起平坐，甚至超越（部分经销商），让我觉得付出之后，很有收获，自己也蛮幸运的。

信赖伙伴的力量

"在这么多年的合作与创业历程中，我想起来有两个故事可以分享，每个故事背后，都教会我一个道理。

"我记得创业初期，信息没有现在这么发达，客户会亲自到电子商场展柜来挑选产品。有次我遇到一位客人，理着平头、穿着宽松的T恤、短裤，脚上穿着一双拖鞋，看来很不起眼，但提问倒是挺专业的。我替他把问题都记下来，跟明纬的工程师问清楚了，再打电话回他。

"就这样没消没息过了一阵子，没想到，有天他突然找到我，一次订购了五六百台电源，这在当时算是大单！后来，我才知道他竟然是电子公司老板，结果这个客户一直延续至今，跟我们合作的案子也越做越大，到现在还是咸明成交前10名的客户。

明纬通过在大陆举办技术研讨会议，让经销商确切了解产品功能，以利于拓展市场

第三部　万里翱翔

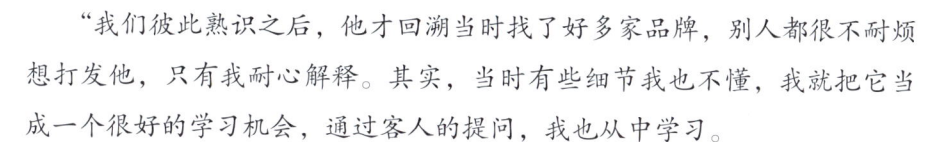

第七章　大陆伙伴：抓住改革开放契机

"我们彼此熟识之后，他才回溯当时找了好多家品牌，别人都很不耐烦想打发他，只有我耐心解释。其实，当时有些细节我也不懂，我就把它当成一个很好的学习机会，通过客人的提问，我也从中学习。

"这让我体认到一件事：当你真心对待别人不求回报时，惊喜有时就会来找你。善待每一个客户，非常重要，绝不能以貌取人，这也与明纬的'意正心诚'息息相通。

"另外，还有一个印象也很深刻的故事，同样发生在我们创业的早期。

"当时有个案子，客户很难得，要下五六千台电源订单，不过因为明纬都做标准品，客户显示屏的电源端子台跟标准品的位置不同，需要更改。令我生气的是，明纬的团队搞了一个月，研究再研究，始终无法改好，还跟我说改不了。

"我实在是很怕丢了客户，见面时忍不住拍桌子动了气，抱怨怎么连这么简单的问题也解决不了。

"我当时觉得，这张订单应该保不住了，好不容易才拿到个大案子，心里非常懊恼。

"生气，是因为这个客户带有指标意义，而且从长期合作的角度上看，关系到接下来三年的业绩，因此真的很希望可以成功。

"没想到经过这次大发雷霆，一个礼拜后，明纬就送来新样品。后来我回想起来，才发现这其实代表明纬很谨慎，外行人看来，只不过是更换位置，从卧式改为立式，但明纬会考虑整体是否会连动，会不会影响到产品的运作，会不会有安规验证问题。这其实是对自己产品有很深的质量坚持与通盘考虑。

"那时我才开始体悟到，推出一个产品要多方考虑，没有想象的那么简单。从此之后，我多了一层设想，我们双方也变得更有默契。

"这件往事回想起来，我觉得自己当时可以好好讲，不需要吵架，明纬

信赖伙伴的力量

资深员工都知道,我直率的性格到现在还是没什么变,林先生也会开玩笑说我很"恰"(闽南语:凶悍之意),但我听了从来不生气,因为我知道他只是像个兄长般开玩笑。

"这么多年来,威明始终坚持只代理明纬一家产品。长期的合作,并不是做一张订单就一拍两散。我们深深体认到,信任的基础,就在于优良的产品,还有彼此的体谅,最重要的还是'意正心诚'。"

明 MEAN WELL 纬
信赖伙伴的力量

第八章

欧洲区伙伴：从一代到二代，与明纬共同成长

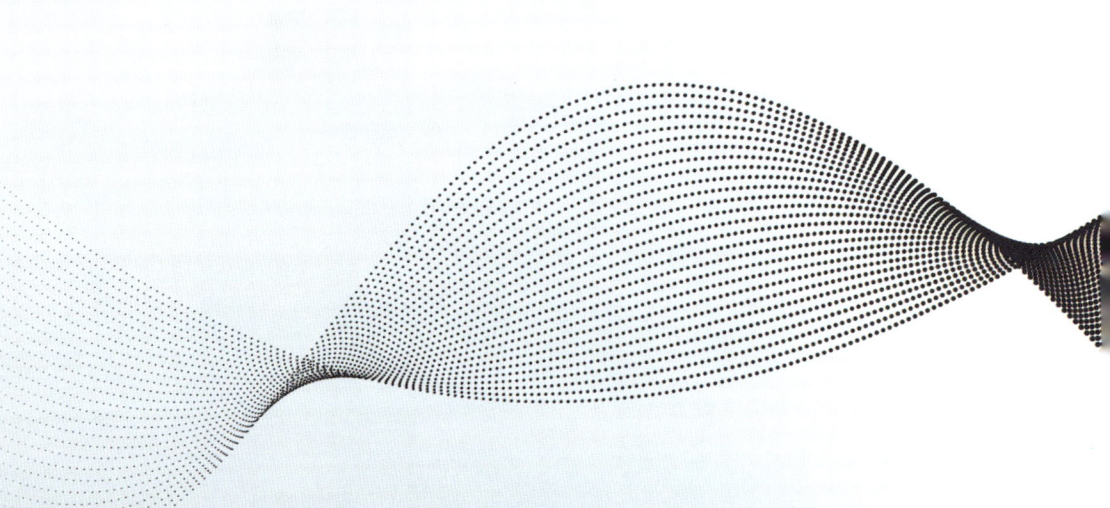

信赖伙伴的力量

秋末，枯叶还没落尽，冬日的脚步已迫不及待降临，但是慕尼黑北边由旧机场改建而来的新会展馆 Neue Messe München（新慕尼黑贸易展览中心）却丝毫不见萧瑟，反而热闹非凡，人声鼎沸。

它有点像台北的南港展览馆，坐落在城市中心边上，由 S-Bahn 等通勤火车串起，一列又一列宽大方正的火车，载来了说着各国语言的人们，等着参加两年一度的盛会。

电子行业的从业人员都知道，德国绝非只有啤酒、德国猪脚与黑森林，每逢双数年11月的第二周或第三周，全球规模最大的电子零组件专业展 Electronica（慕尼黑电子展），就会在此隆重举行。

创始于1964年的 Electronica，规模大得令人吃惊，光是展场就有18万平方米，而南港展览馆只有约3.5万平方米；整个展区更有多达16个展馆，每次展期虽然只有4天，却会吸引全球超过50个国家或地区近3000多家厂商参展，入场人数不下7万人。

这样的盛会，带来的潜在商机与曝光效应绝对可观，因此全世界最力争上游的电子零组件品牌、大型经销商，无不使出浑身解数，推出最新颖的产品、最引人瞩目的概念，以营造最完美的形象，给买家、经销商留下最深刻的印象。

走进 Hall A5 区的展场后，一间红白相间的清爽展间随即映入我们的眼帘，大大的"MEAN WELL"字样异常吸睛。林国栋随着特地由中国台湾派出的技术与业务团队，加上欧洲明纬总经理刘方伯带领的欧洲明纬团队，10多个人不断穿梭于展场中，忙着招呼前来观展的贵宾。

明纬团队不时邀请贵宾在油画布上以不同颜色的彩色笔写下各种语言的"Reliable（可信赖的）"字样，五彩缤纷的颜色，不同的语言，呼应了明纬在1997年提出的全球营销标语"Your Reliable Power Partner（您信赖的电源伙伴）"。如今，这幅见证当时盛会的珍品，就展示在明纬台北

第八章 欧洲区伙伴：从一代到二代，与明纬共同成长

总部。

回想起来，这绝对是值得骄傲的一刻。

林国栋率领明纬中国台湾团队与欧洲团队参加2018年德国慕尼黑电子零组件专业展

过去的明纬，非常低调，不愿出风头；如今的明纬，开始注重整体形象的打造，不论是营销的视觉，还是展场的风格，绝对可与国际大厂媲美。

明纬欧洲业务经过20世纪90年代后期的快速发展后，目前业绩已占明纬整体业绩的三成。整整花了20多年的时间，明纬才将欧洲变成较成功的海外市场之一，而且从这里出发，明纬还将业务拓展至全球，成为电源产业的一线品牌。

这一切除要归功于明纬团队的通力合作外，欧洲各国经销商的努力耕

信赖伙伴的力量

耘,同样值得喝彩。

● 设立欧洲分公司,切分直客与经销市场

挺进欧洲设立据点,是明纬在 2006 年做出的决定。坐落于荷兰阿姆斯特尔芬的欧洲明纬办公室,距离阿姆斯特丹市区不远,著名的荷兰皇家航空公司以及全球四大会计师事务所之一的毕马威会计师事务所,也都将全球总部设立于此。

现任欧洲明纬总经理刘方伯在 2009 年加入明纬之前,就已在欧洲工作多年,对欧洲市场有较深入的了解。他回忆说,初期明纬的欧洲经销商多半直接跟中国台湾总部进货,平时用海运,急件就用空运;但是如果临时紧急需要调动商品,在欧洲并无仓库可提供实时库存,空运快递仍然费时,运费负担也相当重。

这里头有一个很有趣的现象,早期直接与明纬交易的过程中,欧洲经销商总是有所保留,不希望自己的销售渠道曝光,很怕被竞争对手或明纬直接抢走,因此当明纬提出设立欧洲分公司的构想时,当地经销商其实相当抗拒。

不过林国栋坚持:"对"的事就应该做,只要意正心诚,是为大局及未来而布局,就算有可能得罪人,还是要勇往直前。

因此虽然经销商的反对声音不少,但明纬仍然决定在 2006 年同时设立中国苏州明纬及欧洲明纬两处新据点,并开始在荷兰建立仓库,拓展技术支持与销售业务人力。

"我大概是在欧洲明纬成立三年后加入团队,首度参加当年在维也纳举行的欧洲区经销大会时,就立刻感到所有经销商都用一种'奇特'的眼光看着我,带点怀疑,也稍微有些敌意。"刘方伯形容当时的气氛让人觉得有点尴尬。

第八章　欧洲区伙伴：从一代到二代，与明纬共同成长

　　那时经销商猜想，他是被指派来开拓"直客"市场的，因此很有可能是来抢生意的，因此对他抱持很不信任的防备态度。

　　但是过了几年，有一次林国栋询问欧洲经销商伙伴是否还认为该把欧洲明纬撤掉，没想到伙伴们的态度来了个180度大转变，纷纷表示绝不能撤！

　　原来，欧洲明纬成立后，给予各国经销商相当多的支持与帮助，他们终于慢慢明白"直客"市场的拓展是明纬既定政策，主要是希望提供给客户最佳的服务，并非想要瓜分原有市场，对当地经销商来说绝对利大于弊。

2018年，明纬于荷兰举行欧洲技术研讨会，促进彼此在产品运用方面的交流

　　"'直客'市场需要投入大量资源，也得要提供更多服务，由经销商来做并不一定有利可图。"林国栋解释，"经营'直客'市场的意义，是因为

信赖伙伴的力量

如果对经销商过于依赖，会让明纬失去对市场的敏锐度。"

他的用意，并非要与经销商争利，因此花了不少工夫跟经销商沟通，也以实际行动证明了自己的心迹。

不少经销商与明纬合作多年后，慢慢明白明纬一直心存善意，希望经销商得到最佳利润的心意，从来没变。

因此欧洲区业务慢慢调整为大量出货的订单直接向明纬总公司订购，两百台以下的小额订单可向欧洲明纬购买，运费由明纬全额负担。另外，明纬只开发符合条件的"直客"，若有小型买家和明纬接触，明纬会请对方向欧洲各国经销商订购，让直销与经销体系相辅相成，各自分工，形成皆大欢喜的合作模式。

回想当初，明纬为达到欧盟认证要求付出了许多努力，后来为了深耕市场，再度采取诸多变革与精进措施。20多年来，欧洲市场对明纬来说始终具有独特的意义。

一方面，欧洲地大物博，光是欧盟，就有27个成员国，无论北欧、南欧、西欧，还是中欧、东欧，不同的国家与地区之间有着迥然不同的历史、宗教、语言、文化，因此，因地制宜就显得特别关键，需要借助各国经销商的本地深度，共同开拓市场。

另一方面，成功打进欧洲市场，对明纬来说极富意义。从明纬一路走来的很多例证中可以看出，正是因为能深度拓展欧洲市场，才使得很难接近的美国经销商对明纬另眼相看，进而愿意接纳明纬，甚至主动接触明纬，让明纬的全球布局更加顺利。

因此所有的荣耀与骄傲，都与多年以来的合作伙伴密切相关，他们与明纬携手的源起尽管各有不同，但对历久弥新的伙伴关系，倒是一致肯定。

第三部　万里翱翔

第八章　欧洲区伙伴：从一代到二代，与明纬共同成长

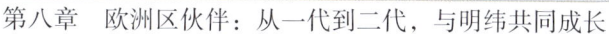

● 与明纬共同成长的荷比卢经销商

点开比利时 Telerex 公司的网页，明纬 KNX 产品显眼的广告马上会跳出，公司上面的企业标语特别写着：Telerex——The Safest Choice，强调这是最令人放心的选择。

从 1994 年开始，隶属于八湖集团的 Telerex 就开始与明纬合作，目前负责业务的八湖集团总裁亚尼克·德·科宁克（Yannic De Coninck）微笑着回顾：他的父亲路德维希·德·科宁克（Ludwig De Coninck）在 1970 年成立 Telerex 时，企业规模与明纬相当，都是从无到有。不过，经过父子两代的用心经营，至今集团旗下拥有 10 家关联企业，同时还负责明纬在荷兰、比利时、卢森堡等地的市场，与明纬彼此提携，一同成长。

原来经济学出身的他，尽管在 2002 年接过家族企业的接力棒，但并没有恃宠而骄，反而相当努力。他指出，Telerex 与中国台湾渊源很深，早在 2007 年便于高雄设立多旺科技股份有限公司，因此不时也会到中国台湾来视察业务。

合作 20 多年来，他深刻感受到明纬与 Telerex 两家公司同样都有极强的上进心，因此能激发出成长的动力，虽然不一定总是同意彼此的看法，但一定会求同存异，昂首并进。

"我们公司强调的企业核心价值，就是交易简便、提供独特的购买经验这两项。" Yannic De Coninck 说。这跟明纬的理念若合符节。多年携手下来，形容双方的合作是一种既讲究忠诚又彼此互相要求的伙伴关系。

而这种伙伴关系，可以从很多方面体现出来。

"我是在 1991 年首度见到 Jerry，从一开始，就觉得他很直接，跟一向不拖泥带水的荷兰人很像。我印象最深的，就是很少有 CEO 会这么容易接近，只要有需要，几乎随时都可以找到他直接沟通。

信赖伙伴的力量

经销商Telerex的总裁Yannic De Coninck（左一）与明纬合作20多年，认为林国栋（中）的果断跟荷兰人很像，双方携手开拓了荷兰、比利时、卢森堡等市场

"Jerry的特点就是绝顶聪明，但是除此之外，他也很会挑战伙伴，给出一把推力，让人在适当压力下产生更强动能。因此我会以'他激发了人们的情感（He creates emotion in people）'形容他，他很能激发出每个人潜在的情绪与力量。你可以说这种能力是浑然天成，无须另外再加进任何个人色彩，他与生俱来就有这种个人魅力！

"这种魅力既是优势，同时也是缺点。优点是市场嗅觉强，可以很快作出决策，非常快速反应市场需求；而且他极注重各种层面的细节，非常有意志力，一定会坚持贯彻到最后。

"缺点当然也是比较强势，会给人一些压力，但他知道怎么拿捏平衡，因此很善于经营经销商关系。你可以看到，与明纬合作，携手二三十年都很常见，明纬成长，合作伙伴也会跟着成长。

第三部　万里翱翔

第八章　欧洲区伙伴：从一代到二代，与明纬共同成长

"对 Jerry 来说，他不只是将明纬视为'家'，事实上，明纬就是他的家，因此他有很强的责任感。他特别强调伙伴之间要有信赖感，其实他个性里的 Consistency（始终如一）与 Reliability（可靠性）就是一体两面的表现，而明纬强调的 Reliable（值得信赖）在我们荷文里也带有 Trust（信任）的意涵，因此可以说，我们也很认同明纬一直以来坚持的信念，双方才能一起携手合作这么久。"

见证明纬扎根欧洲市场的德国经销商

另一个业绩出色，而且合作同样长久的欧洲经销伙伴，是 1992 年创立于德国法兰克福的 Emtron Electronic GmbH。与明纬一起奋斗了 26 年的专业经理人约尔格·特劳姆（Jorg Traum），在 Emtron Electronic GmbH 并入 Fortec Elektronik AG 集团后，担任集团内的电源事业营运长。

Jorg Traum 回顾自己在 1992 年加入 Emtron Electronic GmbH 时，最早投身客户服务，很多客户都会询问电源产品，当时 Emtron Electronic GmbH 多与美国、日本品牌合作。不过随着 20 世纪 90 年代后期明纬欧洲业务的快速发展，Emtron Electronic GmbH 开始经销明纬产品，并大获成功。下面是他分享的与明纬一路共荣的旅程：

"1997 年左右，明纬在德国市场快速起飞，它之所以能在 20 世纪 90 年代便于欧洲站稳脚跟，迅速崛起，很重要的一点是导轨式电源成为德国工业的标准，让电源器装置在 Din Rail 导轨上，使用起来更方便。

"不过这种产品，早期只有德国厂商投入，而且明纬精准看出标准品的市场潜力雄厚，投入不少资金与精力取得各国市场安规认证，同时很快制造出符合欧洲需求的导轨式标准电源，事后证明相当有远见。

"我想，他们能够做到这一点上，是因为明纬对产品了解够深，因此敢投入大量研发资源。相较之下，日本与美国的公司太过自满，因此错过早

信赖伙伴的力量

期投入的时机。你可以从这个例子观察到,这就是明纬,看到机会就紧紧抓住。

"这种精神的一体两面,就是对市场的反应速度够快。以日本公司来说,它们的产品固然很好,但往往过度设计,花了太多时间在研发,因此有时不一定能抢得先机。

"明纬在'速度'这一点上,就非常有竞争力,比方说抢进医疗产品市场,明纬的动作就相当快。而 LED 市场的切入,更是让明纬奋力崛起的转折点,因为如今在德国,工控与 LED 的市场占比相当,已经各约 40%。

"另外,像是千禧年左右,当欧盟制定的 PFC(Power Factor CorrectIon,稳压电源)规格出现时,明纬就是早期少数快速投入的厂商。

"这不是说明纬总是聪明无比。明纬不是不会犯错,但它只会允许自己错一次;而且它不做短线投机,会广泛听取经销商伙伴的意见。比方说,我觉得很棒的一个例子:后来明纬的产品外盒改用条码出货,就是采用了欧洲经销伙伴的建议,让效率更高。

"很有魄力的明纬,懂得如何维系稳定而令人安心的伙伴关系。在所有的电源大厂中,只有明纬能保证 3 个月的商品存量,其他品牌没人能做到。此外,明纬也非常善待供应商,一些品牌有时会直接跟供应商取消订单,让对方损失惨重,但明纬从来不这么做。

"他们知道伙伴关系就像婚姻,不论荣枯,都患难与共,互相配合与让步。

"最棒的伙伴关系,就是要把服务做到人的心坎里。我印象最深刻的一个例子,就是诸如西门子这样的大公司,也曾向我洽询明纬电源产品。虽然他们自家也有电源产品线,但最后仍决定采购明纬产品,并用在 DHL 的物流拣货系统。德国西门子公司工程师为此到中国台湾稽核时,也对明纬的配合度及服务态度相当感动,我认为这是明纬努力这么多年来,非常值

第三部　万里翱翔

第八章　欧洲区伙伴：从一代到二代，与明纬共同成长

得骄傲的地方。"

Fortec Elektronik AG集团电源事业营运长J-rg（左一）携夫人（右一）参加2013年在苏州举办的明纬全球经销商会议

● 把明纬带到全世界的西葡经销商

从目前明纬欧洲市场份额来看，来自德国、西班牙的占比较高，表现突出。

耐人寻味的是，在明纬采取"分散化"的经营策略下，通常市场较大的国家，都不是只有一位经销商，但是唯有西班牙成为特例：在伊比利亚半岛，就有这么一家 Electronica Olfer S.L 代理着明纬产品。

为什么 Electronica Olfer S.L 可以让明纬"破例"？这里头，也有个父子两代传承的故事。

曾经来中国台湾十多次，与明纬互动十分密切的 Electronica Olfer S.L

信赖伙伴的力量

公司总裁费尔南多·加西亚（Fernando García）回顾，他的父亲曾为德国电子零组件公司工作，近40岁才决定独当一面，从巴塞罗那移居到马德里，并在1996年创业。为了开拓业务，他非常拼命，常常睡在公司。由于与客户关系不错，他得到了客户的大力支持，业务开始有了进展。

但故事不会停留在此阶段，更大的挑战才刚刚开始。

"我在大学念的是电脑工程（计算机工程），压根儿一点都不想接过我父亲的事业，那时我只喜欢电脑，偶尔在父亲公司打打工，帮忙做点仓储、行销、业务工作，赚点零用钱。

"父亲退休前，引进新的股东，没想到，这竟是引狼入室的开始。这位股东太有野心，不但常常阻挠公司的发展，还在外头设立新公司，与父亲的公司公开竞争。

"2000年，我才23岁，为了保住父亲辛苦创立的事业，只好硬着头皮接下沉重的担子。在西班牙，家庭是永远的，因此人们很重视家族关系。为了父亲，我只好临危受命，但并不是心甘情愿。

"那时的Olfer约有10名员工，虽然父亲会给我建议，但我对电源几乎什么都不懂，遇到很多困难，比方说，要领导比我还要资深许多的员工，就是一大问题。

"当时主要的挑战，就是原股东仍拥有股权，因此非常难缠，他常常故意唱反调，无论什么提议，都一律说'不'，真是一场噩梦！他甚至还策反员工，或将他们挖角到其他地方。那位股东也不重视明纬，总是把眼光投向其他目标。

"虽然处境十分艰难，但我仍然努力学习，因此就算原来是外行，但我去上各种课程，努力赶上。如果有技术会议，遇上不懂的地方，我就马上举手发问，就算别人觉得我问的问题很幼稚，我也不在乎，一心想尽各种办法突破。

第三部 万里翱翔

第八章 欧洲区伙伴：从一代到二代，与明纬共同成长

"股东的拿翘，反而促使我更加认真，不敢怠惰。

"后来，我们终于把公司股份赎回。原股东离开时，还暗想把知识技能带走或藏起来，自己再创设其他公司。

"随着噩梦的远离，就像云开雾散一样，整个公司豁然开朗起来。那时大概是2007年，我已经30岁，才真正感觉到自己已经融入这项工作中。我花了很多时间改造公司团队，渐渐享受到工作的乐趣。

"原本，我们也做各种电子零组件经销，像是连接器、感测器，等等，后来逐渐调整方向，专注在交换式电源产品上。

"在与明纬合作之前，我们是与日本电源品牌合作，不过对方在瑞士设立公司，大幅调高产品售价，价格几乎飙升到原来价格的两倍，让我们无利可图。因此我们决定另辟战场，前往台北电子展，找到10种各种品牌的电源样品，最后发现明纬产品是最佳选择，因此从1996年开始，我们和明纬展开合作。

"当时，正好遇上了产业数位化的转型风潮，因此生意大幅增长，比方说DHL等快递公司，就大量采用条码扫描机加快货物的分类，这种条码扫描属于高速应用，比机场或超市用的条码扫描反应更快，因此成为公司重点业务，占比达到50%以上。

"不只条码扫描机的运用让我们业绩大幅提升，由于电源驱动器的应用非常多元，比如高速公路的测速系统、冷冻保鲜系统、氢电池动力等，都会用到明纬产品。

"在我们多年的合作中，有时也会出现很多意想不到的应用，让人眼前一亮。

"比方说医疗用的手提式X光机，就是针对发展中国家设计的，如果一地无法单独负担一台X光机，那么这种移动式的机型，就可以巡回各地使用，造福更多需要的人。

信赖伙伴的力量

"另外,像是激光打印,也是很出人意料的应用。比如说,我们在街头看到很多年轻人的牛仔裤故意做出仿旧,甚至撕裂效果,这些其实都可以用这种激光打印做到。而这些产品背后的驱动,就用到了明纬电源。

"不仅如此,明纬也曾登上太空!研究地球日照的卫星,也有装备使用明纬电源驱动器。由于我们公司有专人负责推动大型公共工程专案,因此产品不只在西班牙销售,还会销售到更多地方,像是同属西班牙语系国家的巴拿马,那条著名运河的一道道闸门控制背后,便使用了明纬的电源产品。

"另外,新近发生中的,还有沙特新近兴建的高速铁路,由于采用了西班牙承包商的技术转移方案,因此穿梭在麦加与麦迪纳这两座圣城间的高铁,亦采用了明纬的电源产品。

"这些电源虽然不是我们设计的,但身为合作伙伴,我们与有荣焉。我很高兴可以把握住各种机会,将明纬电源的应用推广到更多地方。

"除了协助明纬把电源带到全世界外,我也想分享这么多年来与明纬相处的点滴。

"伙伴关系其实很像婚姻,一定会有高低起伏,虽然大部分的互动都是正向的,但我们也遇到过冲突,但最重要的是如何解决分歧,一起共同合作。

"回顾自己23岁就接棒家族事业,我的个性其实也有很'冲'的地方,而Jerry带领明纬,也是直来直往,因此我们彼此相处,就要寻找一种合适的沟通方式。

"他并不是很容易交的朋友,也不轻易信任别人,但是一旦和他交上朋友,就是永远的伙伴。

"我记得有一次,我发现明纬也向我们公司的客户进行销售,当时心里真的很火,完全无法忍住。我们两个都是直肠子的人,非得一吐为快。合

第三部　万里翱翔

第八章　欧洲区伙伴：从一代到二代，与明纬共同成长

作过程中尽管时有争执，但并不影响我们之间的感情。我们也不会冷战，Jerry的脾气就是来得快，去得也快，毕竟我们都是对事不对人。

"你可以猜想得到，Jerry绝对不会马上被说服，但过一段时间，他就会提出一些新想法，有时他也会突发奇想，很有创意。

"多年相处下来，我发现他提出的观点，你不一定喜欢，但是他的特点就是绝对正直，绝对不会在你背后捅一刀。相较之下，其他公司比较公事公办，明纬则非常个人对个人（personal to personal），更人性化。

"我发现在这样的前提下，跟他面对面沟通最有效，这不一定是亚洲文化或欧洲文化所致，我自己本来就不喜欢电子通信软件，我觉得面对面的沟通，更有人的温度，这一点，明纬跟我很像。

"很多人会好奇，在明纬的多元发展策略下，为什么西班牙可以只有我们一家经销商。其实，明纬也曾要求增加其他经销商，以刺激市场扩张，这是明纬的分散风险策略。

"但是我们详细分析后认为，西班牙市场不比德国、意大利市场，他们的工业制造比例高，因此可以容纳比较多经销商、分销商，直销客户也不少。

"我分析给明纬听，光看GDP等数据，就可以了解西班牙市场的结构，与德国等地有很大不同。西葡市场本身已经不大，如果再增加其他经销商，在过度竞争下，会出现各自为政与保护主义的问题，将会非常难经营，因此西班牙更适合单一经销商，而我们也以出色的业绩，证明自己有能力一肩扛起。

"在不断向上的驱策中，Jerry不时会给我压力，让我可以做得更好，因此他就像我们的老师一样，督促我们进步成长。我最难忘的就是，他曾经要我别害怕竞争，而要直面竞争，因为竞争会使人变得更加强大。我发现这既是一种安慰，更是一种勉励。

信赖伙伴的力量

西班牙经销商Electronica Olfer S.L公司总裁Fernando（右一）与其他欧洲经销商分享销售经验

"到现在这么多年了，我们依然还是偶有争执，但现在我会多从朋友的角度去思考怎样处理才是最好的，也会彼此互开玩笑。

"西班牙有个说法：老板要看起来像在生气！Jerry虽然有严肃的地方，但也有轻松活泼的一面。

"因此我记起来，他曾经说过：'我用我自己的方式来做。'（I did it my way.）呼应了他很喜欢的那首歌——法兰克·辛纳屈（Frank Sinatra）的《我的方式》（My Way）。

"我想，他以自己的方式，的确做得非常好，也很有值得骄傲的地方。勇于挑战自己的事，也许就像今天的新创公司吧！那时肩上肯定也承担了许多风险。

"随着明纬事业在全球的不断扩张，我期待，他们还能继续保持这种独特的冒险精神，继续将这种向未知挑战的精神发扬光大。"

第三部　万里翱翔

第八章　欧洲区伙伴：从一代到二代，与明纬共同成长

林国栋（左）与Fernando García Esteban（右）两人都是直脾气，就算想法不同也不忌讳摊开来谈

明 MEAN WELL 纬
信赖伙伴的力量

第九章

美国区伙伴：稳扎稳打，壮大品牌赢得信任

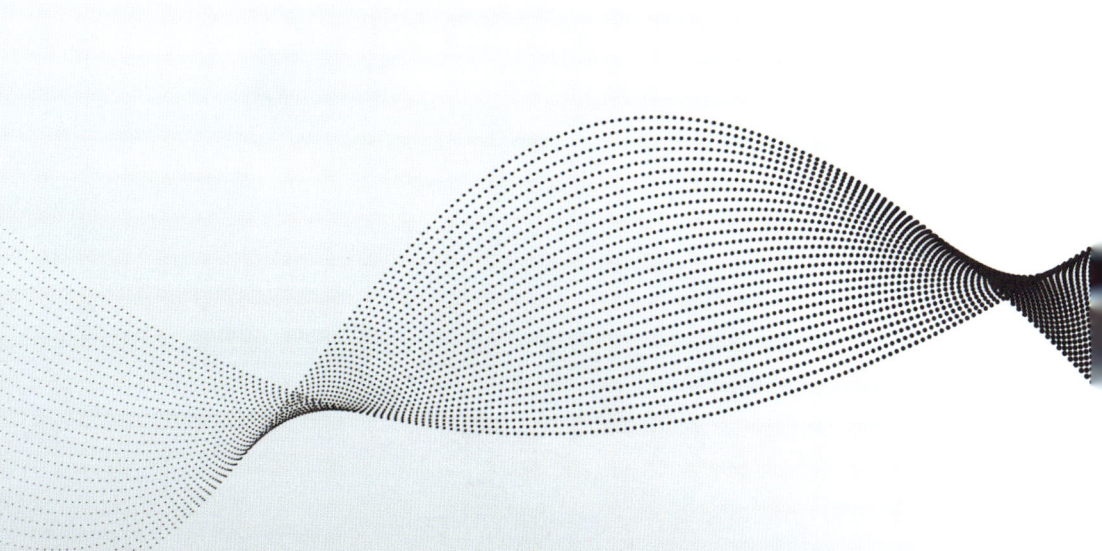

信赖伙伴的力量

1999年，美国分公司在明纬营业占比中相对较小，虽然它比欧洲分公司更早设立。深究原因，林国栋认为从历史上追溯，欧洲就有向外发展的传统，因此20世纪90年代就有欧洲经销商主动来找明纬合作，例如瑞士、德国、法国、西班牙等地的第一代欧洲经销商，都是很早就与明纬开始携手共进。

但是美国则不然，即使你去敲他们的门，他们也不一定给你开门。

当时林国栋就感觉到，美国这个市场很特别，一定要主动前去开拓才会有生意上门，一定要"服务到家"。

4月初的台北，街上还是下不完的湿冷苦雨，但远在一万三千公里之外的迈阿密，已是艳阳高照的大晴天，光是走在路上，就可感受到空气中弥漫的一股热情的拉丁风。

2019年，明纬的美国经销商会议就选在这里举行，不过，早在全美经销商齐聚一堂之前，林国栋与他的团队已风尘仆仆飞抵美国，一下飞机就直奔位于加州菲蒙的美国明纬办公室开会；紧接着又赶在迈阿密美国经销商会议之前，飞至美国中部洽谈秘密任务，全部工作在一周内紧锣密鼓地完成。

到迈阿密美国经销商会议之日，谜底终于揭晓。

原来，这次的超级任务，除了要与美国经销商进行年度会面外，还有一个项目要与已合作了26年的合作伙伴DuraComm展开合作。

2019年4月10日，林国栋开心地在美国经销商会议宣布买下DuraComm位于堪萨斯市占地达1.3万平方米的仓储，预计未来1～2年后可存放超过1000万美元的库存量，比原先设立于加州费利蒙的仓库至少大3倍。

这处新仓储不仅成为美国明纬在西海岸之外的第二处发货据点，也跃身为明纬在美国最大的物流中心，而未来也会依据业务发展的需求在堪萨斯市设立美国中部办事处，深耕当地市场。

第三部 万里翱翔

第九章 美国区伙伴：稳扎稳打，壮大品牌赢得信任

明纬成立美国分公司后积极提高市场占有率，并于2019年买下美国堪萨斯市的仓库作为物流中心

　　明纬自1999年成立美国分公司以来，当地市场占有率就不断稳定增长，这样亮眼的成绩，来之不易。

　　美国市场的特性，跟其他区域极为不同，一场硬仗，需要不同的打法。

信赖伙伴的力量

美国经销商规模大，合作模式有别于欧亚经销商

明纬集团海外区总监郑志得分析，美国市场与欧亚市场截然不同。相对于欧洲，亚洲有很多经销商是由企业主或家族来主导经销业务，规模也偏向于中小型企业，比较容易维系长期合作关系。

美国普遍的状况则是，经销商规模都非常大，一般都是将业务交给专业经理人打理，并且往往海纳百川，代理世界多国或地区品牌，而且每家都头角峥嵘，硬碰硬竞争，对单一电源品牌的忠诚度相对较低，要打入这个市场，难度很大。

美国明纬总经理张俊杰（Leo Cheong）也表示，美国经销商认为明纬非常独特，主要是因为当地讲究公对公，什么都从"事"本身入手，在商言商，公事公办。

这就跟明纬所强调的情分与默契理念很不一样，此外，两者做事的风格与制度也迥然不同。"举个例子来说，美国区的催账工作，就不由业务来做，而改由会计部门执掌，工作的划分很不一样。"

在这样的情况下，明纬要打开美国市场绝非易事，中间经过不少调整后，才达到目前的最佳状态，在这个过程中，明纬的团队付出了无数的努力。

回首1999年，明纬美国分公司草创之初，只有Astrodyne、RSI以及Jameco三家经销商，但今日的阵容，已经不可同日而语。

随着2006年美国明纬将业务团队拆分为直销跟经销两组，销售业绩也不断增长，由2012年的5810万美元、2015年的8670万美元，到2018年的1.222亿美元，6年时间就已翻倍。

目前美国明纬拥有26名员工，其中23人在菲蒙，设有业务、仓库、工程等部门，不久前才完成仓库扩建，可迅速处理货品进出，实时服务美

第三部　万里翱翔

第九章　美国区伙伴：稳扎稳打，壮大品牌赢得信任

国西部的直客及经销商，另外 3 人分别在美国东部新泽西以及美国中部芝加哥办公。

带领美国明纬 5 年的前美国明纬总经理董少达回顾，20 年来，当地除了建立起完整的经销体系外，更重要的是重建与总部的沟通管道，并积极培养人才，让新生代可以独当一面，甚至开始让资深员工入股，一步步建立起牢固的团队。因此，他感性地说，如果真是做对了什么，那就是：把成就留给下属，自己退居幕后，让他们有表现的机会。

回首进军美国市场的 20 年，明纬的经销网络从无到有，直至形成如今的规模，这中间经历了常人无法想象的努力。

三位颇富代表性的经销商，一位是最早开始与明纬合作，一位来自历史最悠久的百年企业，第三位则是目前北美业绩最佳的后起之秀。

下面我们从这三个经销商伙伴的角度，看看他们如何看待与明纬的合作。

第一家与明纬合作的美国经销商——Jameco Electronics

1974 年创立于美国加州硅谷的 Jameco Electronics，是明纬在美国的第一个经销商。Jameco Electronics 本身是一家家族企业，大约有 75 名员工，跟明纬一样，Jameco 也很重视伙伴关系。下面是 Jameco Electronics 销售与采购总监吉尔·奥罗斯科（Gil Orozco）关于与明纬合作的回顾与感悟。

"我个人是在 2000 年从电脑行业加入 Jameco 的，一开始对电子零组件并不熟，抱着姑且一试的心情，没想到一做就是 20 年，与明纬的合作也同样持续了这么久。

"回溯起两家公司的合作，大概是从 1985 年就开始了。那时 Jerry 第一次到美国，就是拜访 Jameco。我虽然当时还没入职，但后来无数次听说过这个故事，我觉得很有意思的是，明纬最早是以'寄卖'的形式与我们合

信赖伙伴的力量

作的，可以说是相当大胆的尝试。

"由于 Jerry 对明纬的产品极有信心，因此提议 Jameco 不用先付款，让明纬电源'寄卖'，他保证会让明纬电源很快成为我们产品目录上获利最佳的品项之一。果不其然，一年之后预言成真，到现在我们依然合作密切。

"回顾 20 年前我刚接手这项工作时，明纬大概只有 200 多种产品，但不断扩展成长下来，现在已有 1 万多种品项，连我都要很努力才能跟得上明纬成长的速度。

"我记得第一次到中国台湾时，明纬还没搬进现在的总部，看上去就只是一家制造厂。台湾的总部落成后，我也到苏州明纬与广州明纬参观，印象非常深刻。现在的明纬已经完全有了国际企业的格局，这个成长的历程，回过头来看实在是不可思议。

"不只是硬件的建设，明纬的很多面向都在持续进步，品质、制程、价格等都是这样，而且明纬知道怎样让自己的产品更容易购得（available）。很多公司光有好的产品，但无法让产品普及，也是枉然。在让产品普及这一点上，明纬始终做得非常好。因此，我也跟办公室的同事说，我们一定得努力跟上。

"这么多年下来，我眼中的 Jerry 始终是个很棒的风险承担者，他除了持续扩展公司触角外，还很专注耕耘产品线。我看到，有些制造商一旦将产品线扩张，就会出现品质下降的情况，但明纬完全不会，不但保持品质的水准，同时也让价格更具竞争力。

"由于 Jameco 同时经销多种品牌的产品，我在工作上也接触到很多不同的公司，这些公司的领导者对工作都非常投入，当然 Jerry 也是一样。不过，我觉得很难得的是，Jerry 意识到自己的成功，却决不好大喜功，依然不断追求再上一层楼，对产品投注大量的心力，始终追求尽善尽美。

第三部　万里翱翔

第九章　美国区伙伴：稳扎稳打，壮大品牌赢得信任

"你可以看到很多公司通过大规模营销或宣传来展现自己的实力，但是明纬会把精力更多地放在产品的品质上，我想这绝对是它成功的主因。

"明纬成功的另外一个因素，我认为是它很重视关系的维系。Jerry 从一开始认识我，就抱持很开放的沟通态度，他把电子信箱给我，要我一旦有事就直接联系他。虽然我后来从未这么做过，但我观察到大部分的制造业老板都没有他容易沟通，而且他数十年如一日，一向都保持开放的沟通态度。

"这么多年一路合作下来，我们也建立了一定的感情。我记得 Jerry 曾经提过，20世纪80年代明纬曾经做过 Apple Ⅱ 的电源驱动器，就把这件事记在心里。当我受邀参加明纬苏州新厂开幕时，心想得带个礼物去向这么多年的合作伙伴表达谢意，当时我大脑中马上浮现出这款电脑。

与明纬合作的第一家美国经销商Jameco Electronics的销售与采购总监Gil（左）与明纬共事了近30年，他特地在明纬创立30周年时赠林国栋（右）纪念牌

信赖伙伴的力量

"我询问负责采购的同事,是否还有可能买到这款电脑,大家都说已经太多年没在市场上见到这款电脑,恐怕已经绝迹了。我们又在网络上努力找了一个星期,依旧毫无所获。不过,就在出发前一刻,我竟然发现一家旧货商还有这款电脑,甚至还有一台1986年出厂的Apple Ⅱ,不但配备明纬电源驱动器,而且还能运转。我就带着它一起飞到苏州送给Jerry,作为庆贺明纬苏州新厂落成的礼物。

"这些陈年往事虽然已经过去好几年了,但我认为有时候怀旧一下还挺不错的,人只有记得过去,才会知道自己从哪里来。

"这几十年来,明纬电源应用在太多地方了,几乎随处可见,只是没记录下来,也就被忽略了。我记得有一次在旧金山的科学探索馆参观时,竟然看到展品使用明纬电源,就马上写了电子邮件给经销业务主管Jessica Chang,告诉她这个有趣的发现。

"而我们也真的在许多地方都看到明纬的产品,只要是LED显示屏或是美国南方加油站的超大型看板,很大可能正在使用着明纬电源,下次你不妨也睁大眼睛瞧一瞧。"

最老牌的明纬美国经销商——Sager Power Systems

下面是Sager Power Systems供应商营销与产品管理总监保罗·科普(Paul Kopp)对与明纬合作的回顾与感悟。

"创立于1887年的Sager Power Systems,自从在波士顿起家,至今已有130多年历史,我可以斩钉截铁地告诉你,在Sager这130多年的历程中,从来没跟明纬这样'独特'的伙伴合作过,而我说的这种'独特',是非常正面的意思,最突出的特点,就是明纬非常珍惜人与人之间的关系,并且重视经销商的意见反馈。

"2020年是我在Sager工作的第20个年头,而这份工作也是我一直以

第三部　万里翱翔

第九章　美国区伙伴：稳扎稳打，壮大品牌赢得信任

来唯一的工作。我们在Sager很习惯的模式是：合作对象并不一定是我们的伙伴。我一开始遇上这么强调伙伴关系的合作对象，还真是有点惊讶。

"明纬不但要我们去认识竞争对手，互相合作，还要我们去和竞争对手建立某种伙伴情谊，这在美国可是非常少见的。

"后来我们也发现，认识我们的竞争对手，甚至相互合作，对各方都有利，因此我才说明纬实在是非常独特。

"我第一次见到Jerry的经历就很有意思，当时我刚好坐在他对面，才认识没多大会儿，他马上就问我：'我正考虑要不要将公司公开上市，你觉得怎么样？'我听了当然吓了一跳，不过还是回答他：'从我对明纬的认知，如果做决定还要受到许多股东意见的牵制，对明纬的发展恐怕会有点阻碍，因此我认为还是不上市比较好。'

"这样的经历，真的很让我吃惊，因为我们不会天天有机会跟企业领导者坐在一块儿，更何况他还询问我对经营管理的意见。在我看来，这位企业领导者不会把其他人的看法排除在外，而会试着倾听。从那次开始，我就觉得明纬实在是一家很特别的公司，彼此的友谊也就这样不断延续下去。

"友谊与互信，在我们合作的早期就已经奠定下来，我认识了Jerry，听了他的分享之后，很快就知道他投入了多少心力在事业上，因此我不想让他失望。

"认识这么多年来，我看到他的人格中有一种"沉静的毅力"（quiet determination），他会让你在谈话过程中，知道他想要走的方向。我们常遇到很多大主管习惯于高谈阔论、咄咄逼人，但是你可以感觉到Jerry是真心对人，想要创造人与人之间沟通的桥梁。他也努力想让明纬成为国际品牌，不断跟合作伙伴分享他的愿景，而他也真的是说到做到，逐步去实现这些目标。

信赖伙伴的力量

"很多公司在成长过程中会不断调整重心或方向，甚至进行改头换面的再造，但你会看到明纬非常稳定，虽然不时有一些小调整，但PQCDSR（产品、品质、成本、交货期、服务、信赖关系）这些基础从来没变过。因此我感觉Jerry对始终如一（consistency）很重视，不论对客户还是对合作伙伴都有非常一致的方向，这就很需要毅力坚持下去。

"有一次很特别的经历，使我看出Jerry对事情的专注与投入。有一次，我与同事造访台北，在一块儿吃完晚饭后，Jerry提议开车送我们回酒店。

"当车子驶至一个十字路口需要转弯时，不记得我们当时在谈论什么问题，Jerry的心思完全沉浸在那个问题之中，无论旁人怎么狂按喇叭，他都置若罔闻，过了一会儿他才如梦初醒，赶紧把车子开过十字路口。他回答我们的问题后，还不忘幽默地说：'你可以想见，平常都是我太太在开车。'

"对我来说，这也是一种'沉静的毅力'的缩影，他的心思总是转个不停，完全停不下来，为的是要把事情做到最好。

"另一件我觉得很有趣的事情，发生在我第二次参加美国经销商会议时。当时，Jerry突然说要与我们分享如何做到业绩快速翻倍的方法，我一听马上竖起耳朵，准备洗耳恭听，以为他要告诉我们什么秘诀。

"没想到，他只是沉着地说，只要每年保持业绩增长25%，连续4年，你就可以做到！

"对我们来说，怎么做到每年增长25%本身已经是个问题；但对Jerry来说，没有捷径，就是一步一步做起来，好像这样才理所当然。

"我认为这也是一种'沉静的毅力'，贯穿在他所有的决定之中，想到了，就去做，然后一步一步实现它。"

业绩最抢眼的后起之秀——TRC Electronics

下面是TRC Electronics总裁斯蒂芬·拉戈马森（Stephen Lagomarsion）

第三部　万里翱翔

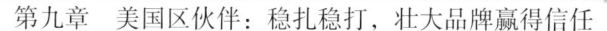

第九章　美国区伙伴：稳扎稳打，壮大品牌赢得信任

对与明纬合作的回顾与感悟。

"很多美国电子经销商的产品线极广，各种电子零组件都涵盖。但1982年创立的TRC Electronics跟其他经销商不同，我们只做电源，因此对产业与产品的了解更深，也以这一领域的专家自居。

"从2002年与明纬合作以来，时间已经过了近20年。

"还没接触明纬之前，TRC也代理各式其他品牌的电源，不过随着明纬的不断崛起，它的竞争力越来越不可忽视，我们就开始注意它。仔细研究之后，我发现明纬的产品真的不错，因此主动打电话提出合作的意愿。从微不足道的业绩，慢慢成长到现在，TRC成为明纬在北美最成功的经销商之一；而TRC经销的品牌中，也属明纬的产品最为畅销。

"刚开始和明纬合作时，我还很年轻，对明纬没有太多认识，接触的只是明纬的产品面，还未体察到其企业文化，并不了解明纬背后的驱动力及其如何对产品投入至深。后来我逐渐从Jerry身上体会到，一个企业的文化，其实才是产品能真正成功的原因。

"每年春、秋两季，我们美国经销商会固定见面，Jerry也会来参与，彼此越来越熟悉。即使19年前刚开始合作，明纬对美国经销商系统的经营还没有这么完善，Jerry就已对经销商的意见与想法保持开放的态度，就算有时他会挑战甚至质疑我们的想法，但也会把我们的提议放在心上，如果觉得好，就会真正付诸实行。

"在这一点上，他比我认识的任何一位企业领导者都做得好。

"也因为如此，美国经销商系统发展得越来越完备，合作伙伴也不断成长，双方互蒙其利，即使我们只是一家小公司，也可以成为明纬在美国业绩最好的经销商。

"回想起我第一次见到Jerry，大概是2003年在拉斯韦加斯，那时我还是这一行的'菜鸟'，而Jerry已是很资深的前辈。他当时看起来很忙、很严

信赖伙伴的力量

肃,一脸很有决心的样子,虽有威严,不过还是很友善,也不会拒人于千里之外。

"我那时就感觉到他很重视公司的业务,对经销商的所有要求也都非常认真地看待。而我恰好也是这样的人,我一心想要成功,希望有人能驱策我追求成长,因此我觉得有这样的合作伙伴很好。

"当时虽然他还不认识 TRC,也不知道我是谁,可是对我们很感兴趣。直到现在,我在他身边已经感到很自在,也觉得双方建立了很好的关系,我很了解明纬的文化,而明纬也很了解我们。

"这么多年相处下来,我发现明纬的成功有个独特的点,就是 Jerry 非常'不合理'(unreasonable)!但我所指的,是带有正面意思的那种'不合理'。

"我不认为合理可以让你得到巨大的成功,如果你只有合理的目标,做人讲究合理,那你就只会得到合理的成功,而 Jerry 并不想只追求那样平凡的成功。

"我观察 Jerry 的言行,然后从中学习。很多人都劝他别这么拼命、放轻松一点,但他往往对这些人的建议充耳不闻,我认为这是正确的!他很享受认真工作,热爱他的事业,为什么要对自己热爱、充满热情的事物减少投入呢?我看到的是他的孜孜不倦、他的热情、他的毅力。

"他不会在乎外在经济形势如何严峻,也不会被什么能做、什么不能做困住,他要的是成长与成功,那些都阻挡不了他。

"Jerry 会给自己、自己的团队,甚至合作的经销商定下'不合理'的业绩目标,而这正是驱动所有人朝成功迈进的动力。

"如果他总是那么合理,那么,今天明纬不会变成年营收突破 10 亿美元的企业。他从自己做起,定下严格的目标,因此才能带动整个团队。由此我认为,成功的人都有不合理的一面,我视之为一种正面的力量,能够带领我们超越期待的目标。

第三部　万里翱翔

第九章　美国区伙伴：稳扎稳打，壮大品牌赢得信任

2013年，美国明纬经销商参观苏州明纬

"20年的时间里，明纬在美国建立了完善的经销商系统，让游戏规则与策略更清晰。TRC与其他几家经销商在9年前建议明纬成立'咨议委员会'（Advisory Board），建立一个连接经销商与明纬的沟通渠道，而明纬也从善如流，这是维系北美市场营销体系的很重要的里程碑。

"我之所以提出这个建议，是因为Jerry有时会有很多大胆的想法，有些并不是那么适合美国市场，因此这个'咨议委员会'可以在比较隐秘的情境下，讨论比较敏感或有疑虑的议题，不会先惹恼了其他的经销商伙伴，从而提供一些明确的方向让明纬参考。

"这是相当关键的一步，由于'咨议委员会'强化了美国的经销方案，也让彼此的信任得到进一步提升，这对经销商和明纬来说堪称双赢，更显示出明纬愿意敞开大门聆听彼此，与伙伴更紧密地合作。

"这是一个很正向的过程：我们可以表达我们的想法，也能感觉到想法

信赖伙伴的力量

2013年，在明纬台湾总部举办的美国经销商会议

被听到了；而明纬愿意打开大门倾听，也让经销商更愿意一起努力。

"相较于我们与其他品牌的合作关系，明纬所做的都很难被超越，没有任何一家其他电源品牌像他们这样用心，也没有任何一家做得比他们更多。

"明纬与经销商的关系，不只是'取'，更多的是'给'。明纬给经销商很多，双方互享成功，伙伴关系就不断增进。我发现愿意'回馈'给明纬越多的经销商，也就越成功；反之，就相对不那么成功。

"因此我能做到的，就是努力把利润带进来，并在'咨议委员会'中发掘问题，把市场观察分享给明纬，这样，我们才能更上一层楼。

"由于TRC也与明纬一样，是由企业主亲自掌舵，因此与其他经销商采用的经理人制度相比，我们的伙伴关系更容易长久维系。如今，我走进明纬的美国分公司，常常觉得就像回到自己的家，里头几乎每位员工都认得，即使是没有直接业务往来，大家坐下来聊一聊，叙叙旧，感情非常

第三部　万里翱翔

第九章　美国区伙伴：稳扎稳打，壮大品牌赢得信任

不错。

"长期合作下来，我们两家公司的团队就好像互相融合在了一起，这种感觉，是我在其他合作对象身上不曾感受过的。"

惜情念旧，为多年伙伴破例

格外念旧惜情的明纬，对伙伴关系的重视超乎想象，也因此才愿意为伙伴破例，在原有的坚持上小幅让步。

明纬创立30多年来，一向坚持走自有品牌路线，只有在极少数特别的客户的要求下，才接下微量代工。林国栋表示，这些想让明纬代工的客户都是从公司规模还很小的时候就延续下来的合作伙伴，他不愿过河拆桥，因此特别为老朋友打破惯例。

美国堪萨斯市的DuraComm，就是少数中的少数，它是明纬创业初期的前五位客户之一。DuraComm与摩托罗拉合作近20年，为其生产通信设备，它要求产品要很稳定，不但要能克服各种恶劣环境与极端温度，而且对规格的要求也比其他类型产品严格，强调安全、不能轻易断信，因此DuraComm请明纬为这些产品生产电源，相当于明纬间接将电源卖给了摩托罗拉。

"这些都是30多年前就开始的合作，跟明纬的合作那么忠诚，怎么能不帮忙？"林国栋虽然不愿放弃坚持走自有品牌路线，但在讲究义气的个性下，还是愿意破例相挺。

30多年共同度过的风霜雪雨，信赖伙伴的力量早已随时间而牢不可破。

因此当DuraComm创办人李永杰（Benny Lee）表示想要转售公司时，明纬也很够义气，很快允诺买下它在堪萨斯州的仓库，使之成为明纬在美国中部的货仓新据点。

信赖伙伴的力量

2017年美国明纬举行慈善音乐会时员工合影，站在林国栋左侧者为
DuraComm创办人李永杰

个性跟林国栋完全不一样，甚至可以说完全相反的李永杰，曾经开发过蒸气熨斗、可携式缝纫机等产品，甚至曾进军美国最大的电视购物公司QVC，风光一时。

一个沉稳内敛，一个活泼善交际，两人因电源事业合作，成了30多年的老友。

李永杰有一次受邀参加明纬感恩餐会，讲了一个故事。

有一次税务人员到DuraComm审计，对方问他："只有明纬一家供应商，不会太危险吗？"李永杰妙答："你的老婆是不是只有一个？这样危险吗？"

倘若双方信赖度足够高，对的伙伴，只要一个就够了！明纬就是有这样的魅力，足以让伙伴完全放心。

明 MEAN WELL 纬
信赖伙伴的力量

第十章

亚太区与新兴市场伙伴：进入另一阶段传承

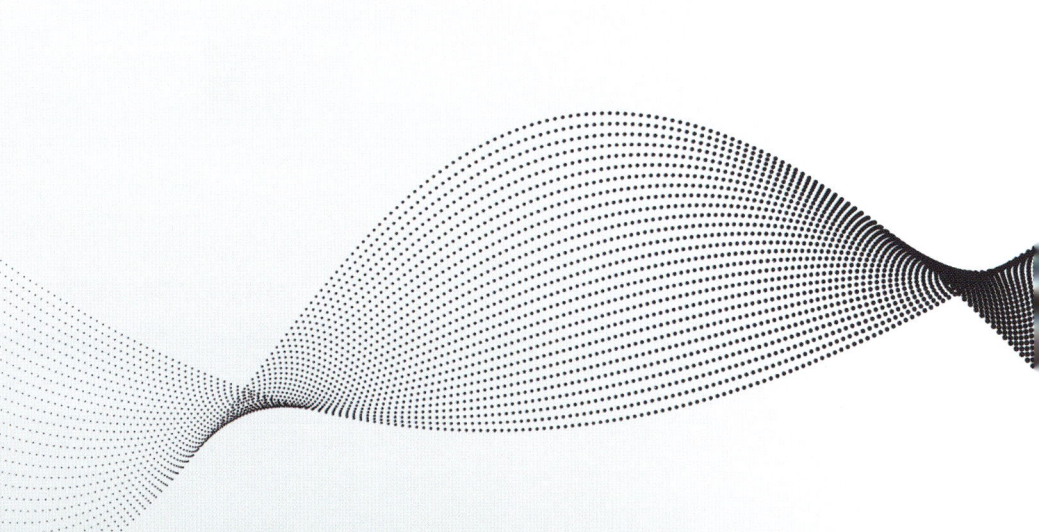

信赖伙伴的力量

当游览车颤颤巍巍从公路滑进弯道，迎面而来的，是东南亚特有的热气蒸腾与绿意。在令人目不暇接的水果摊上，一行人与硕大的芒果、红毛丹、山竹、椰子、火龙果不期而遇……跳动的色彩，洋溢着热带的情调，让所有人都瞬间兴奋起来。

等到"果王"上桌，又带来一波高潮！空气中漾出异样的浓郁，把澳大利亚小男孩逗得跃跃欲试，结果那奇特滋味吓得他根本不肯嚼，一入口就把丰腴绵软的果肉给吐了个精光，大伙见状更是哄笑开来，乐不可支。

这里号称有全世界最好吃的榴莲，汇聚马来西亚的"猫山王""D24""红虾"等知名品种。而这群远从菲律宾、越南、新加坡、印度尼西亚、澳大利亚、新西兰、印度以及中国台湾、中国香港等地赶至的饕客，其实是明纬亚太区经销商，他们在吉隆坡开经销商会议后，赶在行程结尾进行马六甲一日游，大啖奇妙水果的滋味。

无论是在中国，还是亚太区其他国家、欧洲或美国，每一回的明纬年度经销商会议，都会在伙伴们交流过去一年来经营电源产品的心得后，安排拉近彼此距离的欢乐游程，让所有伙伴既要努力工作，更要努力玩！

参加过明纬经销商会议的人，总会听到林国栋与经营团队不时提到"BRIK JAMP KTV"这几个词，三段式节奏，朗朗上口，一听就难忘。但它究竟代表什么意思？

明纬海外区总监郑志得解释，明纬早在2017年即已开始构思分散风险计划的全球策略，逐步在亚太等新兴市场国家推展试销商、经销商、海外生产等布局。这项追求再成长的计划，尤其锁定11个区域，包括巴西（Brazil）、俄罗斯（Russia）、印度（India）、韩国（Korea）、日本（Japan）、澳大利亚（Australasia）、马来西亚（Malaysia）、菲律宾（Philippines）、美国堪萨斯市（Kansas City）、土耳其（Turkey）、越南（Vietnam），这些国

第三部　万里翱翔
第十章　亚太区与新兴市场伙伴：进入另一阶段传承

家及地区的英文首字母合起来刚好是"BRIK JAMP KTV"。

而亚太区经销商会议，正好涵盖其中大部分目标新兴市场。

销售额1%以上就设立驻地代表

俄罗斯是明纬重点耕耘的11个新兴市场之一。图为俄罗斯经销商会议合影

"只要占明纬销售额1%以上的区域，我们就会考虑设立驻地代表。"郑志得说。明纬借由熟悉当地的业务高手，加大该区成长力度，比如俄罗斯、韩国原来就占比约2%，潜力巨大。另一种做法，则是与当地的经销商合作，或由明纬自行开拓大客户（Key Account）。

"我们瞄准的这11个新兴市场，每区的立基点都不同。"郑志得分析，由于看好印度与巴西的成长，因此，明纬在2018年就开始派出驻地代表

信赖伙伴的力量

开拓业务；同年，明纬也在马来西亚成立东盟业务办公室，深耕东南亚市场。

而在日本、韩国、菲律宾、越南、土耳其、俄罗斯，明纬也都设有驻地代表。这些新生力军有些由经销商推荐，有些则是经销商前任员工转任，绝大多数都与明纬有些渊源，合作起来有默契。

此外，巴西、印度、菲律宾、土耳其、越南都被列入设厂评估地点，也可能与经销商合作，请其进行代工，积极探索海外生产的可能性。像是LED海外生产转移计划，就先锁定已加入明纬"Powered by MEAN WELL（电源选自明纬）"计划的优良灯具厂商、LED相关配件供应商，寻找潜在合作对象。

最先开花结果的海外生产计划——2019年投产的菲律宾新生产线，就是与合作多年的当地经销商施纯永携手打造的，在多年互信的基础上，双方的合作很快就水到渠成。

成长时就读于菲律宾华人学校、能说一口流利中文的施纯永，曾在大学教书，他的公司 Yongden Technology Corporation 同时拥有经销和生产两项业务，在马尼拉北部也设有自己的工厂，早在1990年就投入电子产品加工。

在长达20多年的信赖和交情下，双方已有一定的情谊与默契，因此在中美贸易战白热化之后，明纬与之迅速敲定合作，在原有厂房中增加生产线，进行明纬电源产品组装，直接将成品运往美国销售，以降低贸易战带来的高额关税的冲击。

施纯永的工厂里，原来并不生产电源产品，明纬在与其议定合作后，很快就派遣工程团队进行支持，迅速完成投产规划。而由于明纬中国台湾总部聘有菲律宾籍员工，因此可派回协助品保等作业，三个月就火速上线，直接将产品运往美国。

第三部　万里翱翔

第十章　亚太区与新兴市场伙伴：进入另一阶段传承

明纬也将目光投向南亚。在看准印度拥有13亿以上人口、消费能力亦不断壮大的市场潜力后，明纬加紧脚步进行布局。除积极拓展经销网外，明纬也在素有"印度硅谷"之称的大城市班加罗尔派驻代表，设立分公司，甚至积极筹备于当地建立生产线，以应对印度高额进口关税的挑战。

2019年的亚洲经销商会议，明纬便邀请了来自孟买、德里、班加罗尔等地分属四家公司的9名印度经销商共襄盛举。

对印度驻地代表的培训，明纬也做得非常深入扎实，接任该职的贝纳卡·瓦尔达拉朱（Benaka Varadaraju）除有产业经历外，还有在珠海做过两年LED电源的经验，在上任前，明纬亦先派他前往广州花都、台北五股总部接受培训，与总部负责印度业务的人员密切合作。

2019年在吉隆坡举办的亚太区经销商会议

Benaka Varadaraju带领这9位印度经销商前往吉隆坡参加亚太区经销商会议，接着又到台北参加"国际业务班"等讲习课程，种种不惜成本的培训与布局，力求让驻地代表更深入地了解明纬的企业文化，也拉近明纬

信赖伙伴的力量

与印度合作伙伴的距离。

"传统上，印度是对价格特别敏感、非常不好做的一块市场。"Benaka Varadaraju 形容，印度买家最爱在价格上锱铢必较，连一卢比都要计算得清清楚楚；不过随着当地经济的不断发展，印度也出现市场分众化，逐渐愿意选用价格稍高但质量更佳的产品，为不走低价抢市场份额的明纬电源带来切入机会。

为了打入这个人人垂涎的潜力点，明纬加速在当地投产，以应对高额进口关税的不利影响，对于未来抢攻印度内需市场也更有利。

明纬的印度分公司，设立在有"印度硅谷"之称的班加罗尔

"产线一开，就一定要养活它。"林国栋坚持，分散风险并不代表炒短线，而更要永续发展，因此，他的目标就是在扫除进入新兴市场国家的障碍后，能在各主要市场做到标准电源前三名，并不断深耕下去。

第三部　万里翱翔

第十章　亚太区与新兴市场伙伴：进入另一阶段传承

● 澳大利亚：父女档经销商透露鲜美鲑鱼内藏玄机

细数明纬积极开拓的亚太与新兴市场，澳大利亚堪称相当早期就进入的一个地区，尤其是总部设于墨尔本的 ADM 公司，25 年前就已开始与明纬合作。这家公司很有意思，创办人与运营总监格伦·贝茨（Glenn Bates）是位慈祥的父亲，目前他的女儿克里斯汀·布朗（Kristin Brown）、女婿乔纳森·布朗（Jonathan Brown）也相继进入公司担任总经理，协助其开展业务。而几年前加入的业务经理亚当·贝拉尼（Adam Bellani），也与明纬渊源颇深，早在转入 ADM 之前，他就已在另一家公司与明纬结缘，因此合作起来十分默契。

Glenn Bates 回顾，早期与明纬合作，是从导轨式电源产品开始做起的，2007 年切入 LED 电源市场后，业绩更是越来越好。但要打入澳大利亚市场，其实很不容易，澳大利亚在电子产品方面的法规非常严格，有些要求比欧洲更严苛，比如对 LED 电源产品，便规定要在零下 10℃以下也能运作才肯放行。

谈起明纬的产品在澳大利亚的成功，Glenn Bates 分享了制胜的三大关键要素：价格、质量、容易获取。

"在澳大利亚，电源产品不只是价格便宜就能取胜，质量也必须非常可靠。"Adam Bellani 补充说道，"除了都会区，澳大利亚其他地方地广人稀，人力成本很昂贵，维修并不容易做，因此产品质量一定要好，否则，经销商花在保固维修上的成本将会非常惊人。"

正因不易发生故障，因此就算遇上其他品牌以低价竞争，明纬电源仍在澳大利亚市场屹立不败。能做到这一点，关键就在于产品耐用。

将近 30 年下来，明纬电源已应用于澳大利亚无数知名地标，近期大力协助 ADM 推展营销工作的 Kristin Brown 与 Jonathan Brown 细数，悉尼

信赖伙伴的力量

歌剧院在改装时便有部分音乐厅应用了明纬的产品，以符合其内装需求。

另外，诸如悉尼港大桥（Sydney Harbour Bridge）、墨尔本 AAMI 足球场（AAMI Soccer Stadium）、首都堪培拉的澳大利亚战争纪念馆（Australian War Memorial）、堪培拉的国会大厦电动窗项目等，也都采用 ADM 经销的明纬电源。

此外，明纬的产品也应用到很多自动化 Kiosk 及 POS 系统上，像机场的自助报到机，每年都有数百个订单。另外，工业用的"暖通空调"（Heating, Ventilation and Air Conditioning，HVAC）冷却系统也有不少使用明纬的导轨式电源产品。（暖通空调是指室内或车内负责暖气、通风及空气调节的系统或相关设备。）

明纬的优势在于，强调快速反应，效率高，Glenn Bates 特别肯定这一点，"它具有大公司的规模，但仍保有小公司的专注与灵活行动力。"

Adam Bellani 还透露了一个特别好玩的明纬电源新应用。大家都知道，蔬果要呈现鲜艳色泽，卖相才会好，因此农人各出妙招，让农产品看起来更吸引人。但是很少有人注意到，渔产是怎么变得更诱人的。

澳大利亚墨尔本AAMI足球场采用的就是ADM经销的明纬电源

第三部　万里翱翔

第十章　亚太区与新兴市场伙伴：进入另一阶段传承

"我们后来发现，澳大利亚南边的塔斯马尼亚岛，会在鲑鱼养殖池装设鱼灯，在这些特殊鱼灯的照射下，鲑鱼肉质会呈现鲜嫩的粉红色。而这些鱼灯，用的正是明纬电源！"

澳大利亚的人行道红绿灯采用的也是ADM经销的明纬电源

"这就是这一行的有趣之处！"Kristin Brown笑着说，虽然电源本身并不特别有趣，但电源应用千奇百怪，因此她在推展营销业务时，会特别注意搜集这些案例，带着探索的心情，将这些独特的电源应用案例收入她

信赖伙伴的力量

为 ADM 精心编制的客户刊物中,这样做既能让客户留下深刻印象,也能在搜罗奇特应用的过程中大开眼界。

韩国:父女档经销商展现由谷底跃起的勇气

无独有偶,明纬在韩国的经销商 Evernet,也呈现出父女档联手打拼的局面。

对明纬来说,Evernet 有着很特别的意义,18 年来,不但通过彼此的努力,改变了韩国市场对明纬的认知,还让明纬跃身成为当地标准电源市场占有率冠军。

而且,不但明纬在韩国的其他两家经销商都出身 Evernet,明纬为拓展业务而新设的韩国驻地代表姜卓信(Kwang-Jo Shin),也是系出同门,因此明纬与 Evernet 联结之深,也就不言而喻。

回溯 Evernet 总裁尹圣林(Yun Seong Lim)与明纬携手的起始,其实有着一段很独特的经历。

在从事电源产业之前,Y.S. Lim 投身显示屏产业,随着韩国显示屏产业走向衰退,他必须找到一条新路,因此决定与明纬洽谈合作,尝试进入电源产业。接下来,就是一段跌落人生谷底、奋发再起的动人历程。

2003 年,Y.S. Lim 首次见到林国栋,就觉得林国栋为人很亲切,而且非常敏锐,确认明纬对于质量的坚持是一贯的。而他也曾对林国栋表示,对明纬非常有信心,10 年内明纬一定会成为韩国的最佳品牌。

当时,Y.S. Lim 的人生已经走到中年。林国栋恳切地向他表示,这可能是他最后一搏的机会,一定要好好把握!

对于这最后一搏的机会,双方都很珍惜,尽管遇上人生逆境,还是咬紧牙关想办法突围而出。

原来,在双方开展合作之前,韩国刚刚经历过一段翻天覆地的经济惨

第三部 万里翱翔

第十章 亚太区与新兴市场伙伴：进入另一阶段传承

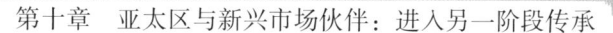

淡时期。1997年的亚洲金融危机，使韩国经济陷入严重危机，不但货币贬值、企业破产，而且到处都是大裁员，韩国政府只得在当年11月向国际货币基金组织（IMF）申请援助贷款。一直到2001年8月，韩国央行宣布偿还IMF最后一笔援助贷款，才逐渐摆脱这场严重的经济危机。

2001年，正是明纬与Evernet携手合作的元年，"当时的情势比较困难，我们观察到，做得比较好的两家电源品牌，一家是Lambda，另一家是韩国品牌Suntronics。" Yun Seong Lim 回顾，决定与明纬合作之后，回到韩国，他马上开始分析竞争对手，拟定作战策略。

相较于明纬的高性价比，Lambda的价格超出两到三倍，Suntronics则约是明纬的两倍。他开始寻找竞争者缺乏的优势，猛力进攻。

他深知，明纬既然没有先行者优势，要让新品牌打开市场，就要有强势策略，深度发挥品牌价值。因此他借由展会等活动，加上专业杂志等曝光，深入推广明纬品牌，而在当时网络还不怎么发达的状况下，他就已经投入网络营销。

与明纬合作六七年后，他就打败了前述两家竞争对手，拿下韩国标准电源市场占有率第一名。

回溯这一运作成功的因素，主要就是扎实的商业策略，借由缩短库存时间，拉开与竞争者的距离，从一两种商品开始，逐渐扩充下去。"明纬的特色就是交货期很短，动作很快。" Yun Seong Lim 回顾，经销商从明纬得到很多资源，技术的传授也很有帮助，能很快地协力推动业务。

三年前，Yun Seong Lim 的女儿朱莉·尹（Julie Lim）也加入 Evernet，她先是进入会计部门，接着加入国际业务团队。在她眼中，父亲总是全心投入工作，常是第一个到公司，最后一个关灯离开，就跟林国栋一样，永远在想着如何把工作做得更好。

"我原本学的是化学，后来又攻读MBA学位，对营销很有兴趣，" Julie

信赖伙伴的力量

Lim 感性地说，"有时在晚餐的餐桌上看着父亲的脸，就知道他又在为公事烦恼，会想帮他减轻一点负担。"眼见父亲工作这么辛苦，还很年轻的她，想要略尽绵薄之力。

"会计的工作经验，对她未来销售业务的历练也会很有帮助。"Yun Seong Lim 带着欣慰的眼神看着女儿说，"我知道这并不容易，但我也很努力，试着去了解年轻一代的想法，有时我也会问问她怎么想。"

父女相视而笑，两代传承，一切尽在不言中。

新加坡：夫妻档经销商感受明纬最深的信赖

不只父女档共同打拼让人感觉非常温馨，明纬的亚太区经销商，也有"夫妻同心，其利断金"的信赖伙伴典范。

张保良与钟丽华，在1994年成立 SM 公司，并在第二年成为明纬新加坡经销商。张保良本身有技术背景，当兵后的第一份工作，就与工业控制自动化有关。

回首过往，他创业时才26岁，太太钟丽华当时也才23岁，一开始只有两人单打独斗，到现在公司已拥有30多名员工。张保良用华语叙述了当时的情况：

"20世纪90年代在新加坡市场，日本电源产品较受瞩目。当时我的事业伙伴很有生意头脑，收集了很多资料，我们第一次看到明纬的产品，就觉得很有潜力，它设计得很漂亮，挺有日本风格的质感，因此就直接打国际电话到台北询问，先订了100组产品，没想到两个月后，明纬就来新加坡拜访我们。

"要推动一个新品牌，其实很辛苦，我们先以'拜托'的方式让客户试用，使用满意后再付款。还好，明纬产品的品质很好，因此我们逐渐打开了销路，在1997年有了较大的突破。

第三部　万里翱翔

第十章　亚太区与新兴市场伙伴：进入另一阶段传承

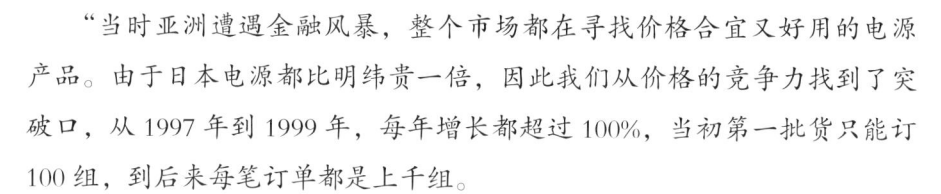

"当时亚洲遭遇金融风暴，整个市场都在寻找价格合宜又好用的电源产品。由于日本电源都比明纬贵一倍，因此我们从价格的竞争力找到了突破口，从1997年到1999年，每年增长都超过100%，当初第一批货只能订100组，到后来每笔订单都是上千组。

"虽然现在回头看好像很顺利，但我们也一度遇上困境。记得亚洲金融危机期间，新加坡也受到波及，不但应收账款的未付比例很高，而且汇率变差，让买货的压力加大，生意一度很坏，我们公司的电话始终静悄悄的，以致我一度以为是电话坏了！

"还有一阵子，公司的资金周转非常吃紧。我只好硬着头皮，飞到明纬总部跟林先生说明，手上资金不够支付货款。

"林先生派人到新加坡考察后，决定以'寄卖'的方式来变通，20万美元的货款，一般付款期限是30天，他特别通融我们可以有长达90天甚至120天的宽限期，帮助我们渡过难关。我记得那时欠款最高曾达到80万美元。

"不过林先生也要求我们维持每年100%的增长，如果三年后都是同样的成长，就不用再宽限。林先生愿意这样做，主要是考虑到新加坡市场潜力充沛，只是我们经销商的'子弹'不够，因此愿意助一臂之力。可以想象得到，我们双方必须要有很深的信任才行，现在想起来，我还是非常感激他的鼎力相助。

"合作将近25年了，我始终感觉明纬很愿意与伙伴分享，和伙伴一同成长。

"我们遇到公司管理问题，比如人员流动率过高时，林先生就教我把眼光放远，要与员工分享愿景，也要找出自己的强项与优势，这样才能让员工有向心力。

"我们在纪念公司成立11周年时，第一站就到中国台湾旅行，参观明

信赖伙伴的力量

纬的总部，林先生还好意建议，一定要建立电脑系统进行库存管理，后来我们也采纳了他的建议，效果非常好。

"他甚至还邀请经销商到台北去上他的管理课，特别告诉我们'服务'对于电源产业的重要性，当时这是一个'大中华计划'，积极培育华人人才，我可以感受到他的用心。

"在我们双方的努力下，现在你来新加坡，可以在很多想得到、想不到的地方看到明纬电源的影响力，比如新加坡著名的鱼尾狮、樟宜机场、最繁华的乌节路购物商场、金沙赌场客房的LED照明、赛马场的看板、NIKE的专卖店，甚至新加坡的地铁闸门……通通都使用了明纬电源。

新加坡最知名的观光景点滨海湾金沙酒店也采用明纬电源

"最特别的是，我发现在新加坡一家专攻传染疾病控制的先进医院，为

第十章　亚太区与新兴市场伙伴：进入另一阶段传承

防止接触感染，一道道自动门都是用感压侦测器控制。这里头用的，也是明纬电源！

"一个又一个令人惊喜的例子，证明我们的努力真的让明纬电源在人们生活中无处不在。"

第一部　展翅待飞

第二部　御风而行

第三部　万里翱翔

📍第四部　航向未来

明 MEAN WELL 纬
信赖伙伴的力量

第十一章

深化品牌，营销更上一层楼

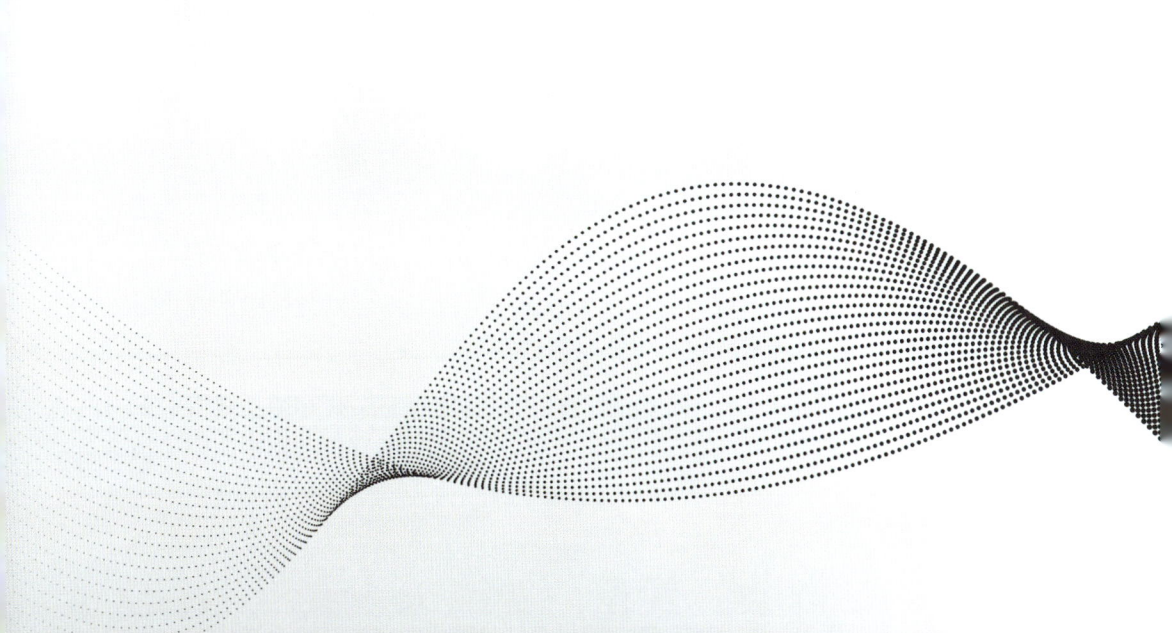

信赖伙伴的力量

车子在高速公路上疾驰了近两个小时，经过顺德、佛山等地，才终于从繁华的都会广州来到了中山的古镇。在古镇，不见想象中小桥流水、发人思古幽情的古老小城，映入眼帘的是极其现代化的簇新市容。一幢又一幢商厦拔地而起，进出口商品城、灯饰体验馆、家居设计博览中心……透出星星点点的亮光，让整座城市看起来生气勃勃、异常耀眼。

原来，自20世纪70年代之后，这里就凭灯饰产业不断崛起，发展至今，不但有着完整的产业链，而且成为世界最大的灯饰集散地，每隔两年还会举办国际灯饰博览会，成为名副其实的中国"灯都"！

在环保照明成为主流的当下，电源作为驱动LED的重要零组件，当然也不可缺席。不过有点特别的是，在古镇还能见到明纬自2019年启动的全新形象店。而这些形象店，成为明纬在质量与市场占有率方面都与全球大厂平起平坐后再度自我超越的发展里程碑。

这里不只是"电子一条街"的规模，走在这座以照明为主题的城市中，就像是具体而微的大型聚落，每家每户卖的都是与LED相关的零组件。一条街还没走完，就可以看到好几家号称"明纬经销商"的商铺。

行至繁华的曹兴西路，十字路口出现一家挂着明纬抢眼招牌的黄金店面——丰睿电子，从外观上看，广告牌、陈设等都跟其他明纬专卖店有点不同。

才29岁的年轻老板刘聪，已经开店经销明纬电源5年。他指着墙上的销售证书向访客介绍说，店内编号虽然是005，事实上丰睿电子却是明纬在大陆的第二家形象示范店；而在城区另一头，环球灯配城内的村田电子是明纬第一家示范店。

从这座"灯都"出发，明纬即将从营销面出发，展开"以正视听"的庞大工程。

第四部　航向未来

第十一章　深化品牌，营销更上一层楼

● 提升品牌形象 从打假开始

说起投入明纬电源销售的缘起，刘聪腼腆地笑着说，他原本做的是手机皮套生意，后来因缘际会，听朋友介绍明纬电源非常值得投入，就在2015年租下店面销售明纬电源产品，生意果然不错。

他透露，其实也有其他品牌找上门来想合作，但他始终坚持只卖明纬电源。后来，广州明纬业务经理任翔到店内"明察暗访"后，认为该店地理位置好，又是坚持销售正品的诚信经销商，因此提出将他的"丰睿电子"改装为形象示范店，这让刘聪很是惊喜。

走出店门，步行不到5分钟，同一条街上就有好几家店号称"明纬专卖店"，但这其中往往是掺杂了正品与仿品，消费者很容易买到"山寨版"，商品完全没有质量保障。

不少人买到的"山寨明纬"发生故障后，还跑到"正牌明纬"专营店要求保修，因此明纬团队对多年来始终层出不穷的盗版现象伤透了脑筋。

为了彻底打假，明纬决定从营销层面展开更积极的行动，因此由总部协助设计、在视觉上可看出统一风格的形象店，成为投石问路的试金石。

2019年春季，古镇两家经销商在一夜之间换上明纬设计的崭新招牌，店内也挂上授权销售证书，明纬同时在官方网站标注这些正牌经销商编号。

没想到短短时间下来，丰睿电子无论业绩还是客户信任度都得到大幅提升，周边那些原本真假难辨的"明纬经销商"，生意也受到影响，悄悄地把店面收了起来。

走到电子商场另一端，就可以看到更早一点"换装"的第一家形象示范店——位置同样出色的村田电子。它坐落在宽阔的主干道上，店面也极显眼，远远地就可看到明纬企业标识的红白相间灯箱、广告牌，更具专业

信赖伙伴的力量

架式，也更容易辨别。

只要站在村田电子门口观察一会儿就会发现，上门的客人络绎不绝。消费者用微信、支付宝就可购买明纬电源产品，而且最重要的是，完全不用担心买到假货。

坐镇店里的老板娘燕姐很热情，见到明纬总部来访，忙着招呼喝茶聊天。她对重新加强店招、橱窗、展示架的设计非常支持，主动提出很多建议；当她看到总部派来的美术设计人员认真观察形象店内的执行成果时，马上提出展示品标签在橱窗长期日晒下容易褪色，总部可提供展示用样品的建议。她也建议明纬印制新品海报作为辅助展示，明纬设计团队立刻与第一线销售伙伴进行讨论，协助进一步改装店面，让店面的整体呈现更臻完美。

广东省中山市古镇街上的两间假明纬店面

看起来，新形象店的建设确实是个浩大的工程，明纬为何要花这么多功夫打假？

答案就在于，目前的"山寨"行为已不再只是侵犯商业利益而已，还可能动摇企业的根本。

过去，明纬因把绝大部分心力放在产品的研发精进上，因此在盗版

第四部　航向未来

第十一章　深化品牌，营销更上一层楼

2019年，明纬在大陆建立的第一家形象示范店——村田电子

防不胜防的情况下，往往还抱持着阿Q精神，安慰自己："有人愿意仿冒，就表示享有知名度，因此就算是仿品，也还可以帮忙打广告。"

但是现在的盗版实在太过猖獗，仿冒者很会利用"本尊"的品牌元素混淆视听，让消费者蒙受劣质产品的损失；而不良商家甚至已经"兵临城下"，完全不避讳与本尊对打。

众所周知，广州国际照明展览会，已是全球买家都积极参与的LED产业盛会。而在2019年的展会上，就在离明纬展馆不到20米的地方，就有人明目张胆地设立了一家摊位，推出与明纬商标雷同的山寨产品。

负责中国市场的明纬大中华区总监蔡明志指出，仔细统计起来，如果强化打击仿冒，明纬中国全年业绩还会提升！由此可见，山寨产品混淆视

信赖伙伴的力量

听，对商机的影响不可谓不大。

也因此，由广东中山古镇村田电子、丰睿电子起跑的形象示范店开设后，很快便产生匡正视听的效果，仿冒者逐渐消失，明纬也因此计划将新形象店的拓展逐步推广到深圳、东莞、惠州等经销点。

而在台湾，形象示范店也同时启动，从光华商场、汤城、中和等地经销点开始进行改造，以期让品牌形象与品牌认知度再次升级。

明纬近年打假一年比一年积极，主要是想加大对消费者的保障力度，并配合品牌重塑措施，强化明纬在消费者心目中"标准电源第一品牌"的印象。

负责统筹这些计划的明纬营销中心营销经理陈莉娟指出，2019年启动的"授权正名"计划就实施得相当成功，明纬会在官网公告所有合格经销商的授权证书与编号，也鼓励原本未被授权的销售商"带枪投靠"，将更多弃暗投明的业者收编为经销伙伴。

PBM计划正名营销 深化消费者信任

除了积极动员、打击仿冒，明纬还努力推动品牌形象的统整。

举例来说，目前光是在大陆四大电商平台上，就有50多家商家打着"明纬经销商"的旗号进行销售。经过检查之后，发现其中有些来历不明，有些则是目前的经销商投入。

陈莉娟指出，迫在眉睫的统整工程就是将明纬品牌形象重新梳理，比方说，网络平台上的商家，无论是合法经销商还是非法经销商，都不能再使用"明纬唯一授权""一级经销商"等充满误导性的字眼，店铺的叙述文字，品牌商标标识的字形、字体、颜色，都要完全符合总部的规定。

曾协助过不少知名厂商的品牌营销顾问公司DDG，在进行深入访谈与分析后便提出，明纬过去因较晚才开始重视面向全球的营销，因此视觉

第四部　航向未来

第十一章　深化品牌，营销更上一层楼

与沟通工具较为混乱，缺乏一致性，必须针对问题，重新进行整合。

因此除了打假维权，明纬正在加紧步伐强化品牌商标的统一与形象识别。在这一方面，明纬总部正整合全球营销资源，积极与各地经销商合作，进一步推动明纬的品牌认知与能见度。

多年来，明纬每年给到经销商的营销推广基金就达到营收的1%，这些资金由总部进行统筹，决定营销渠道与形式，再分配至各地市场，由经销商投入展会、广告、公关、客户维护等项目上。

近年来，明纬每一年度的全球营销预算均超过600万美元，其中大部分由各地经销商伙伴自行操作，因时、因地制宜，并针对经销商考核其年度营销绩效。

此外，明纬还推出了令人耳目一新的"Powered by MEAN WELL"项目（简称"PBM计划"），目的就是将营销资源整合在一起，和客户一起走向全世界。

林国栋解释说，"Powered by MEAN WELL"不只是营销项目，也是奠基于"信赖伙伴的力量"而发起的计划。"我们思考的出发点是，每一样电子产品都需要电源供应器，可是你看不到使用电源的品牌，因此我们想到与合作伙伴共同推出'Powered by MEAN WELL'，结合彼此的力量，让品牌能见度更上一层楼。"

这个做法与英特尔（Intel）的策略十分相似，因为计算机里的CPU（中央处理器）虽是计算机运算不可或缺的关键部件，可是一般人只知道计算机品牌，并不清楚CPU的来龙去脉。

为了让Intel出品的CPU拥有更高的品牌认知度，吸引更多消费者购买，Intel从1991年开始便采取了电脑内使用英特尔芯片"Intel Inside"的营销策略，只要计算机制造商在销售产品或发布广告时将"Intel Inside"的商标一同营销，便能获得由Intel提供的购买折扣或广告成本补助。

信赖伙伴的力量

这个营销策略后来获得极大的成功，几乎所有与 Intel 合作的计算机制造商都参与了这个计划，不但大大提升了业绩，而且在消费者品牌意识建立后，Intel 也成为计算机厂商采购 CPU 的优先选择。

更重要的是，它将中央处理器这个无名英雄，直接与 Intel 画上等号，从而让消费者在采购计算机时马上会认为 Intel 即是 CPU 的领导品牌，甚至是唯一选择。

在这个讲究"心占率"更甚于"市占率"的时代，明纬也在大中华区总监蔡明志的推动下，从 2017 年下半年开始推行"Powered by MEAN WELL"计划，现阶段先采取邀请制，经过筛选后邀请合作伙伴加入，只要采用明纬的产品超过一定的比例，就可以申请授权，在产品上使用这个标识。

目前这个计划推行后，LED 灯具厂商加入最为踊跃，已有中国、印度尼西亚、荷兰、澳大利亚等国家的近 50 家伙伴加入。明纬会贴心地为这个计划以及一同参与的合作伙伴制作英语画册。此外，在"Powered by MEAN WELL"计划网站上，还可以看到荷兰厂商 Oreon 将明纬电源应用在植物工厂的 LED 照明的实例，让彼此的合作内容与故事发挥出"一加一大于二"的效果。

如此，以明纬为中心，将各自的资源集合在一起，就形同一种"电源联盟"概念，将单打独斗化为共闯天下的群力。

启用新生代人才 经营自媒体

不只"打假""形象旗舰店""Powered by MEAN WELL 计划"推展得风风火火，从 2019 年开始，明纬也陆续有不少营销新做法，着实让人眼前一亮。

明纬不但推出自己的电子报、App，还推出"明纬线上展览馆"，更

第四部　航向未来
第十一章　深化品牌，营销更上一层楼

积极拍摄影片在网络频道播出。这背后，与明纬持续启用新生代人才、追求新形态营销有很大的关系。

2017年才从台湾"中山大学"外文系毕业的赖羿纶，是新加入明纬营销中心的生力军，大三那年，她就申请进明纬实习，由于表现不错，大四提前半年毕业就进入明纬，主要负责产品营销，与产品经理密切合作，也协助各项品牌经营工作。

"比方说，让明纬的品牌沟通与影片、网页、App结合，用新的营销工具去推展，就是我的工作！"她自认虽然所学的外文跟电源毫不相干，但看到"电源是电子产品的心脏"这样的叙述，就觉得很神奇，很能引起她的好奇和想象。

借助新生代对电子平台的敏锐度，明纬也越来越重视营销的"沟通"这件事。

赖羿纶进入明纬后，产品呈现方式开始产生很大变化。以往，多半是根据医疗、LED照明、显示屏、工控自动化等分类呈现网页。现在，她则协助将之转成以"提供解决方案"的形式呈现，不再死板地介绍产品规格，而是以内容营销的方式来与消费者、经销商分享产品的特点，并负责规划新产品信息介绍，与工程部门合作每月月底发布"技术新知"。

这样的工作很有挑战性，让她可以从构思到执行全程掌握，不但很有发挥空间，也让她更有工作动力与斗志。

在有了这些新形态的营销沟通工具后，每逢经销商大会，林国栋就忍不住亲自向合作伙伴推荐明纬App。他虽然不一定有数字头脑，却知道一定要借助数字媒介，才能与更多人产生连接。

因此，他不但坚持要推出这些工具，也变成这些工具最忠实的推广大使。"你可以用明纬App查到所有产品规格，随时随地都可使用，就像一本行动目录！"他还开玩笑说，"你没时间看的话，也可以听，我就是边

信赖伙伴的力量

刷牙边听我们的 App。"

由于明纬推出新品的速度飞快，平均每十天就有新品发布，累积至今已有一万多种产品，而且仍在不断更新之中，因此将产品信息数字化，才能让消费者事半功倍地了解产品。

营销团队不但会制作"技术新知"，让经销商充实自我，而且会用这些"技术新知"来做产品推广，同时用作教育培训也很适宜。

也因此，专属 App 推出并备受好评后，明纬在 2019 年下半年也推出 i MEAN WELL 影音频道，在网络频道上架，以"明纬新闻台"的形态制播。

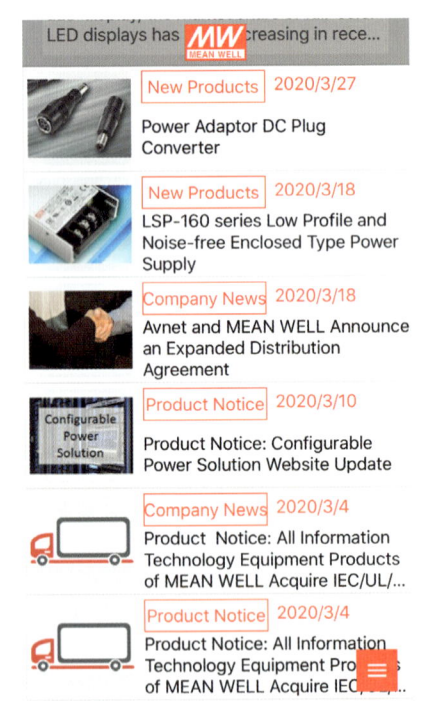

明纬推出品牌App、经营网络频道，把数字媒介作为新形态的营销沟通工具

第四部　航向未来

第十一章　深化品牌，营销更上一层楼

"这是林先生提出的构想，我们从年中开始已陆续制作了不少影片。"陈莉娟解释，明纬营销团队的成员年轻，因此很能投入影片拍摄，他们会自己学软件、拍摄、剪接，很有参与感。"一开始也许会有太多天马行空的想法，但慢慢就找到了最适合明纬的风格。"

"我们觉得影音传播很有效，因此每周都定下主题，拍摄影片分享；过去就曾经以《一本老字典的故事》回溯创办初心，收到很不错的回响；又曾从明纬至少长销20年的长青商品GI系列，回顾这个跟着明纬最久、对明纬业绩帮助最多的长销功臣。近期除了公司的活动、新冠肺炎疫情的应对，也有分享电源技术的《电源教室》《一日店长》；也报道过印度媒体如何介绍明纬的幕后花絮。"明纬营销团队的年轻人们努力用各种活泼的形式去分享明纬的过去、现在与未来。

由各地员工担任的特派记者，也会在影音频道发表各种会展动态或活动信息，跳出解说产品的企业频道窠臼，更倾向于从"分享"的角度拉近与观众的距离。

"像2019年端午节，赞助荷兰商会、荷兰中国同胞乡亲会举办龙舟赛，欧洲明纬组队投入龙舟竞赛，我们就拍了一部影片，让其他分公司与伙伴看到，明纬如何借由活动凝聚向心力，这也是一种很好的品牌沟通方式。"陈莉娟说。

过去的明纬，常常自信，电源即是电子产品的心脏，不可或缺，只要断了电，电子产品就要停摆，因此不怕电源没销路。

但过往总隐身幕后的电源，也要慢慢展现当仁不让的自信，让客户、消费者看见这总是默不作声的无名英雄。

尤其在目前明纬已跃居全球第一大标准电源品牌、全球第二大LED电源驱动器品牌以及全球前五大电源驱动器品牌的情况下，品牌工程势必不能再延宕。

信赖伙伴的力量

　　深入观察明纬的品牌顾问公司 DDG 指出,明纬的力量与骄傲,除来自质量出众的产品外,品牌的催化剂更应当定调为"追求卓越的力量"。

　　而如何把这种力量具体转化,内蕴于下一阶段再向高峰叩关的动力中,便成为明纬当前面临的最大挑战!

明 MEAN WELL 纬
信赖伙伴的力量

第十二章

培养新生代团队，组织优化不遗余力

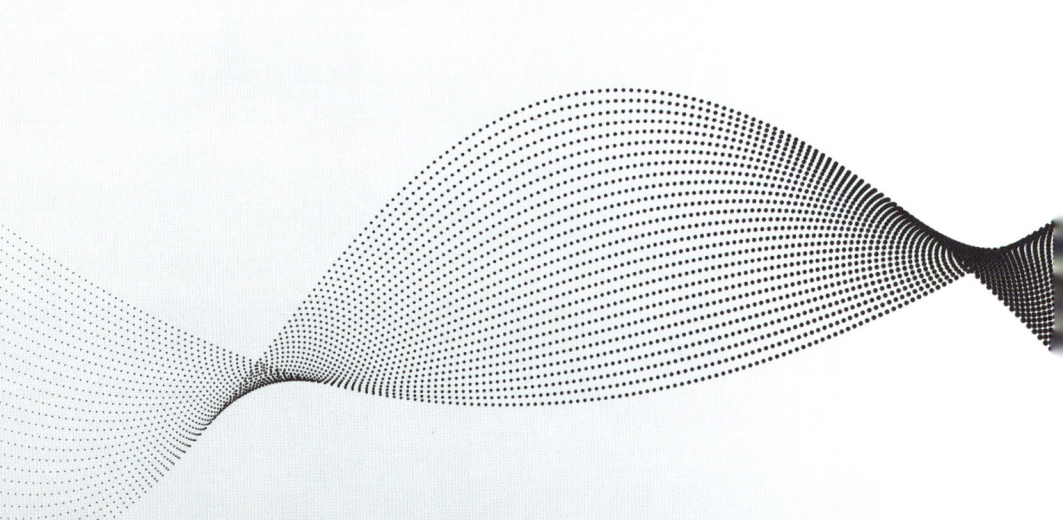

信赖伙伴的力量

很多信赖明纬的伙伴都知道，广州花都厂目前是明纬在大陆最大的生产基地，但自 2019 年起，一场改变也正在悄悄酝酿当中，未来，明纬的大陆布局将走向一个全新的方向。

现有的苏州厂，占地约 2.2 公顷，虽然比广州花都厂更先投产，但规模略小，过去也比较强调生产制造机能。如今，明纬大手笔购进相当于广州花都厂两倍大的地皮，准备拓展苏州新厂区。2019 年陆续开展整地、规划、兴建后，苏州新厂区将成为明纬在大陆全新营运的智能园区，纳进完整的研发、制造、物流、仓储等中心机能，甚至设立国家级认证实验室，以最高规格起建，一次到位。

可以预见，到时明纬需要投入更多人才，因此新生代人才的培养，甚至现有员工的再升级，已经刻不容缓。

30 多年来，明纬始终是一家很重视学习的企业，本来就已经有各式培训课程，为了强化员工的能力，2018 年又增加了青年干训班、中阶主管干训班、国际业务班等培训班。

组织内甚至还设有教委会，定期评估、开发各种教育培训课程，因此也需要大量的讲师，亦需要加强培养主管成为讲师的能力。

明纬甚至针对讲师开出讲师认证班，负责传承、培训等计划。明纬还规定，讲师必须要有讲师证，才能在明纬内部开课。而且这不是形式上的行礼如仪，考核中会有 20% 的受测者遭到淘汰，因此参加者无不全力以赴。

回顾过往，明纬一路走来的成功，首先归功于对员工、伙伴的能力养成，有计划地进行人才培育。

这种把"内功"默默练好的按部就班，外人往往看不出端倪，但身怀多元能力的员工"软实力"，以及"坚持把一件事做到最好"的企业精神贯穿始终，却成为明纬出奇制胜的秘密。

第四部　航向未来

第十二章　培养新生代团队，组织优化不遗余力

林国栋曾说，做标准电源，若怕别人抄袭就不要做，他有如此的自信与气魄，能让产品提升到别人追赶不上的地步。

但是十多年前，他也开始思考，如何全面落实明纬"全球化""当地化""精实化"的运营方针，拉开与竞争对手的距离。

"明纬的未来，一定要国际化，一定要走出去与世界接轨，成为全球性品牌，而且是全球性的优良品牌。"

在他心中，只要占明纬业绩 0.5% 的地方，就要注册商标、推出通过当地认证的商品。而只要占明纬业绩 1% 的地方，明纬就该设有办公室、仓库、甚至工厂，把服务做到最好。因此，这也成为明纬进军"BRIK JAMP KTV"潜力 11 国的新兴市场策略的起始。

而要做到这些，就得把品牌、通路、人才、产品、信息系统都做到全球化，同时也要当地化，以当地人才使用当地语言提供符合当地法规的产品，提供当地合用的服务。

计划交棒的林国栋，准备为自己的人生，也给明纬的未来，带来另一个全新的起点。

● 组织交棒计划，从中生代往下延伸

在 2019 年的亚洲经销商会议上，林国栋曾与经销商伙伴分享说，他在前往土耳其考察市场时，在伊斯坦布尔机场看到一句大大的标语：The future is under the wing of youth（未来，就在年轻人的羽翼之下），内心充满触动，这句话也特别贴近他的心境。

"要让明纬实现自我超越，一定要强调从心做起，因此公司发展的目标，必须锁定激发员工的热情。"林国栋认为，也唯有如此，才会有情感与伙伴情谊的延伸，才能将品牌力量发挥得淋漓尽致。

"'心'的形塑，一定要从 50 岁以下的中生代、新生代做起。"对此，

信赖伙伴的力量

林国栋打了一个比喻。他以前阅读时，看到成吉思汗从蒙古出发，征战四方，建立起横跨欧亚的庞大帝国，但是当成吉思汗带着荣耀衣锦还乡时，同胞却还是住在蒙古包里，习惯性地过着草原生活，没有跟上成吉思汗向世界挑战的雄心。

他虽然不是成吉思汗，但多年来也同样跑遍全球，四处披荆斩棘。每每回到台湾，总发现明纬还是太弱，因此心中总有着"恨铁不成钢"的急切，想要赶在退休交棒前，逐步进行组织的调整与更动，让明纬永续发展下去。

因此他提出"信赖伙伴，共创未来""转型超越""One MEAN WELL（同一个明纬）"主张，内心涌现的恳切，就是寄望在短短几年内将明纬调整到最佳状态，不然等到退休就来不及了，这会成为明纬成功路上的遗憾。

他的多年老友、明纬上海经销伙伴彭侃也观察到，不只台湾，大陆也遇上了制造业人才断层问题，这种新旧生代如何顺利交接的问题，已经不限于一地，早已成为各地普遍关注的话题。

于是从 2010 年开始，林国栋让明纬改为采用八大机能的运作分类，以机能划分集团组织，因应未来扩张，也以"One MEAN WELL"的一致性概念进行组织运作的调整。

他也深知，最需要强化员工对工作的热情，因此他相当注重中生代、新生代人才的培育与养成，期待新鲜血液的加入能为组织带来新的气象。

在世代交替的布局中，他重用进入明纬 10 年到 20 年的中生代，以个人的专才，建立起坚强的管理团队。

他在 2019 年将业务分为两大区块，大中华地区由 1997 年进入明纬的蔡明志统筹，海外部分则由 2002 年进入明纬的郑志得负责，两大区块有着良性竞争与合作。

第四部　航向未来

第十二章　培养新生代团队，组织优化不遗余力

2019年国际业务班培训合影

2019年中生代干部班结训合影

信赖伙伴的力量

行政管理部分，则交由集团企划室协理王宪政主理。王宪政表示，早期林国栋带人的方式就是按部就班，让员工循序渐进，因此以"踏实"一步步扎下基础，只要经历过那段时间的明纬员工，都已将这种精神内化到每日行事中，就算公司规模扩大了许多，但资深主管大多能认同这些理念，有助于将这些理念传承、坚持下去。

大陆的两个生产基地也都交由集团自行培养的经理人负责，广州明纬总经理由2019年拔擢的中生代王嘉豪担当，他于2000年进入明纬，从生产管理工程师做起，被寄予厚望。

原广州明纬总经理陈玉钟，则在2019年升任集团营运长。1996年入职的他，在生产管理、料仓、采购、外包工程师、厂务管理等职位历练过，并在2010年外派到苏州明纬，先担任副总经理，再接任总经理，2014年回台后担任制造机能主管，2017年再次调任为广州明纬总经理直到2019年。

1991年进入明纬的刘兴华，更是从18岁起就成为明纬人，由最基层开始，在维修员、品管、生管等职位上历练过，一路从课长升至台北厂厂长，七年前调派至苏州，后来接任苏州明纬总经理，一晃眼已走过30个寒暑。

这些经验丰富的专业经理人，一路看着明纬历经各阶段的成长与发展，相当清楚林国栋灌注在明纬的企业精神，因此由他们来确保明纬未来的营运顺畅，已有相当坚实的基础。

运营Tips 1：从客需优化组织，整合产销部门

明纬的组织运营与研发能量，也在不断优化中持续创新。

广州明纬总经理王嘉豪回顾，几年前经历的一次事件，无意间标示出明纬的重要转折点。

第四部 航向未来
第十二章 培养新生代团队，组织优化不遗余力

这件事发生在2010年前后，当时有家瑞典的客户，明纬过去多是通过贸易商给该公司供货，这家瑞典公司订了一批电源器，准备提供给GE医疗使用。

不料GE公司后来改变心意，转向其他厂商采购电源。让人意想不到的是，后来拿走订单的新供应商竟又出不了货，于是GE公司只好又回头找明纬救急。

在友情相助下，明纬只用了八九天的时间就把这批货赶了出来，这是明纬首次处理如此紧急的交货。经此一役，明纬不断缩短交货期，之前多为45天，后来缩短到37天，现在则三厂统一为30天交货、急单14天交货。

14天的紧急供货，表示客户有需求，明纬就能响应，证明明纬的动员能力足够强大。在该事件发生后，明纬便在2018年将物料、进销、制造进行大规模整合，改变成如今的运营架构。

能做到这一点，归功于30多年来明纬一贯推动合理化、标准化、电脑化，为管理变革奠定下坚实的基础；此外，ERP管理系统更是整合落实利器，借由系统对物料、采购、生产、库存等都能精确掌握，在原有的基础上不断累加精进。

2018年的运营机能整合，让产销更趋平衡，也让制造面与市场面衔接得更同步。运筹副理邱盈洁回顾，之前业务面归业务部门，制造面归制造部门，彼此分隔得太清楚，后来运营机能进一步整合后，业务面更能从制造面精确预估产能，也让生产、供销更流畅。

尤其总部定期请八大机能的主管进行评估，让对焦更精准；各部门也不再本位主义，使整合更为顺畅。"比方说制造、采购、营销这三大机能，过去各自独立，明纬将之进行整合后，大幅提

信赖伙伴的力量

升了效率与竞争力。"

这其中的关键就是，如果产销失衡，就会发生有订单但生产不出来，或没订单让生产线停摆的状况。而且同一样产品，还会有台湾、广州、苏州三厂如何进行生产配置的问题，需要从整体思考如何达到最高效益，让三地的产能更平衡，这其中的秘诀就在于"调度"，有些产品必须考虑放在哪里生产效益最高，如何优化，借此一边调整运营，一边持续精进。

明纬经过这样的运营整合，最大的好处就是员工心态发生了转变，人人都知道并非把事情做完即可，还要把事情做到最好，激发出团队最大的潜力，因为产销平准化（产销平衡）绝不是个人战，而是团体战！

吸收全球化人才，轮调内化历练

至于其他中生代、新生代人才的培养，明纬也积极进行，尤其以工作轮调来培养多元能力，其中特别锁定林国栋最重视的全球化能力。

比如，大学读电机专业、在研究所专注于电力电子的庄清闵，之前负责研发，现在则担任创新经理一职，负责新产品、新技术导入，扮演产品经理与研发中心间重要的沟通桥梁角色。早在来明纬面试时，他就看到更多职业发展可能，不只是能担任研发工程师而已，因此他也期望挑战自己，到大陆或海外分公司历练。

在明纬几年，他认识到，"只要认真做，就有无限可能"。为了让他得到更多历练，主管在征询其意愿后，曾派遣他在一年内以出差形式，借由每次两周的模式，到广州、苏州了解大陆市场。

负责工程和技术服务的郭智铭，在校时攻读电力电子专业，由于小时候曾在纽约住过三年，有英语基础，因此他在2016年进入明纬担任应用

第四部　航向未来
第十二章　培养新生代团队，组织优化不遗余力

工程师后，也很想利用这个优势，让自己的职业生涯有更多的挑战。

"在三年时间里，我就历任了PM、业务、应用工程师等职务，这在大公司绝对做不到，大幅减少了摸索的时间。"郭智铭表示，他一进明纬就负责与欧洲相关的业务，短时间内就要上手，因此挑战非常大。

庄清闵（穿黑色明纬工服者）经常协助校园招聘工作，向学生介绍明纬特色

他很快就接下奥地利项目PM，到欧洲完成任务，这除了让他拓展视野之外，也让他有很多其他收获和成就感；尤其是他看到欧洲客户相对严谨，总不断对产品进行修正，务求把项目做到最好，这也鞭策他要更努力。

运营Tips 2：研发人员直面市场，每年开发10%新品

明纬的成功方程式中，研发质量的不断提升更是稳定市场占

信赖伙伴的力量

有率的关键。除了广州明纬研发副总彭希和，集团研发总监王毓实也是重要舵手。

王毓实早在1984年便进入明纬，这是他退伍后的第一份工作。当时员工不到5人的明纬，办公室还设在板桥。30多年来，他始终勤于自我充实，跟上时代脚步。

王毓实表示，明纬每年至少会评估产品开发走向两次，除了研发人员与PM要搜集市场动向外，林国栋更是参与所有新产品的开发决策，以每年开发10%新产品的速度，在业界展现极强的行动力。而且明纬的所有产品会以系列开发的方式进行，每个系列至少推出5～10款机型，让客户有充裕的选择。

为何明纬研发能力特别强，并成为其成长的重要动力？王毓实分析，有些公司的工程师极少接触客户，只负责自己工作范围内很小一部分工作，照着规格去开发，就无法深入了解市场整体需求；而在明纬，研发工程师可以直接面对客户解决问题，积累工作经验。此外，明纬也从来没有"藏私"文化，工作气氛融洽，团队成员彼此之间、上司与下属之间，都会不吝于分享。

"电源产业可以积累技术、不断提升，因此做起来很有踏实感。"同样的，技术研发部门也可以感受到信赖伙伴所激发的力量，王毓实便常深刻体会到这一点，信赖是放心交流的基础，明纬一向支持供应商，把他们当作伙伴，若开发产品遇到问题，双方会共同解决，因此自然能够长长久久、细水长流，创造质量最佳的产品。

运营Tips 3：产学合作紧密，目标导向明确

明纬不只对企业内部人才养成十分用心，对鼓励学子投身电源产业及相关研究，同样不遗余力。

第四部　航向未来

第十二章　培养新生代团队，组织优化不遗余力

　　台湾云林科技大学电机工程系特聘教授林伯仁表示，他在 1993 年回台任教后，为强化学生专业实务知识、增加学生就业技能，积极寻找电源驱动器相关厂商进行合作，在 1999 年就与明纬展开交流，至今长达 20 多年的产学合作，也让校内实验室培养出一批专业人才，后来有些也进入明纬任职。

　　"记得 1999 年时，明纬的工程师才 10 多位，如今人数已大幅增加了近 10 倍，可见明纬对专业人才的养成十分重视。"林伯仁也对明纬 20 多年来提供的产学合作机会，表达由衷的感谢。

　　台北科技大学电机工程系教授黄明熙也表示，自 2018 年起，台北科技大学实验室便与明纬建立了产学合作关系，从计划执行前的立项、规格定义、电路架构、控制策略，到企业可提供的协助等，都经过长时间的缜密讨论，让参与的师生清楚地掌握目标，并熟悉参与计划的明纬工程师，对计划执行相当有帮助。

　　"产学合作计划执行期间，明纬特别为学生安排了一系列训练课程，例如 PCB 上件流程、符合安规的 PCB layout 规范、功率组件焊接、样机测试流程等，并详细说明每一项测试的目的；在电路设计时，不仅为学生提供组件选用的技术咨询，更协助学生修改、制作电路板及打件。"

　　黄明熙分析，这些配套规划，一方面让学生得以聚焦专精项目，另一方面也可大幅缩短从学校研制雏形机至企业转化为可上市产品的时程，可谓双赢。

　　"此外，明纬对细节的用心亦令人印象深刻。"黄明熙回顾，合作期间，学生在明纬工程师的陪同下，与国际知名组件供应商进行技术讨论，从罗姆半导体（ROHM）、英飞凌（Infineon），到日本 TDK 与美国电容制造商基美（KEMET）等，引导学生一睹

信赖伙伴的力量

国际一线大厂的组件最新技术及应用信息，将产业实务与学校教学紧密联系起来。

当然，在计划执行过程中难免遇到技术瓶颈，明纬除提供协助外，更愿意给予时间及发挥空间，让师生能按部就班、系统地解决问题。

"学生从中学到务实及实事求是的态度，更是将来职业生涯最重要的资产。"

计划结案后，明纬还曾安排师生到广州参加产学发布会，进行技术交流、工厂参访，并向参与计划的学子提供奖（助）学金，处处展现出对人才的殷切期待与珍惜。

"我自己出自技职体系，在任职工研院15年后转任教职，最常思索的就是如何缩短产学之间的落差。"黄明熙指出，虽然台湾各大高校推出"校外实习""专题研究"等必修学分，也推出"产业教师"制度，希冀技专院校的教学能更贴近产业需求，但若缺少业界开诚布公的合作与协助，往往会落入事倍功半的窘境，因此，他特别肯定明纬对学校师生的诸多协助。

另一位曾与明纬合作的学者——台湾科技大学电子系特聘教授兼产学长、电力电子技术研发中心主任邱煌仁也回顾，明纬长期坚持培育当地人才，也与台湾科技大学电力电子技术研发中心进行产学联合技术开发，共同培育实务人才。

"我记得多年前，明纬首位工程师、研发总监王毓实来我们电力电子实验室洽谈产学合作时，带领了几位热血的台科大校友现身说法，希望吸引更多优秀学子加入明纬，共同创造属于台湾的国际品牌。"

让邱煌仁印象特别深刻的是，那次陪同王毓实返校的明纬研

第四部　航向未来

第十二章　培养新生代团队，组织优化不遗余力

发团队校友，在校时皆是实验室最优秀的学子。明纬也通过加入台科大创办的"先进电源产学技术联盟"以及"产业学院计划"，积极推动学生校外实习安排，加强优秀人才招募，并进行紧密且长期的产学联合技术开发。

这样的合作，充分结合了企业界丰富的工程实务资源与校园的研发能量，搭建起双赢的产学合作平台，提升学校实务教学及研究成果，同时培养学生发挥创意与应用研究发展，促使学校提升相关技术的研发能力与水平，成为企业研发升级的有力后盾。

邱煌仁还特别提到，明纬主动举办的"企业参访日"，也让更多学子了解了明纬的企业文化。"2019年底，我与两位博士生应邀出席广州明纬举办的产学联合发布会，躬逢林总裁宣示展望另一个7.5亿美元年营收高峰。"邱煌仁表示，期待更多新生代人才加入明纬团队，让扬名全球的产业"隐形冠军"持续成为华人圈的骄傲！

2019年广州明纬举办产学联合发布会，让年轻人才有共同切磋的机会

信赖伙伴的力量

善用海外华人，融入中西文化

不只明纬总部积极让新生代、中生代人才有更多发展空间，在明纬海外分公司中，也可以清楚地看到这种青壮辈主管稳稳成长的轨迹。

以美国明纬为例。目前美国明纬的总经理，是39岁的Leo Cheong，他的人生经历很丰富，在广东出生，澳门成长，随后至美国求学、工作，整个人生经历就是中西合璧，他笑着回顾自己的成长历程。

大学读电机工程专业的他，2005年毕业后进入美国明纬，早先当工程师，后来又做研发，也到台湾总部接受过培训，随后成为美国明纬工程部主管，接着又历任业务部、产品经理等职位。在林国栋与前主管董少达授意下，明纬用三年时间，让他准备接下美国明纬总经理的职位。

10年前，林国栋就曾对他说："成功的人，是找方法；失败的人，则是找理由。"这句话乍一听虽然轻描淡写，却对他影响很深。他始终把这句话放在心里。

在他担任主管之后，更是一年一年，慢慢有了更深的体会。

他在知道公司的这个栽培计划后，也很用心地准备，感受到这份责任的压力。

35岁那一年，他接下第三任美国明纬总经理的重任，成为公司里最年轻的区域总经理。如今的美国明纬，拥有26名员工，其中三分之一都有10年以上工作经历，相对稳定。他的一项很重要的任务，就是让工作伙伴在各自的工作中再度激发创意。

"接棒时，管理部主管辛迪·李（Candy Lee）虽然主要负责人资工作，但也是维系团队很重要的力量。"Leo Cheong回忆道。他能顺利接下总经理一职，除要感激林国栋与前主管董少达的提拔外，也很感谢Candy能协助凝聚同事，让组织虽小的美国分公司，具有了很强的向心力。

第四部　航向未来

第十二章　培养新生代团队，组织优化不遗余力

不只总经理正逢盛年，美国明纬负责直销与经销的两位业务主管，也都是很有活力的"少壮派"。

刚刚迈入40岁的直销业务主管弗莱德·梁（Fred Leung），是出生在美国的华人，大学专攻商科，2001年进入美国明纬后从业务做起。

他回顾自己进入明纬之前，个性比较内向害羞，不太会表达，但进入明纬后，不但个性很快变得更成熟，也对华人文化慢慢有了更深一层认识。

虽然当时很喜欢明纬的环境，但是年轻气盛，他心里还是想要出去闯一闯，于是离开明纬5年，到美国人开办的公司工作。他发现，外面的世界与华人企业还是有很大差别。后来美国明纬迎来第二任总经理董少达后，他决定重新加入明纬，"因为我觉得这里的环境，让我可以很自在地发挥。"

"我虽然去了美国人开办的公司工作，但潜意识里还是会想，如果学到了新东西，可以怎样用在明纬！"Fred Leung表示，他的个性其实跟明纬的特质很像——从工作中学习，再将学到的知识用到工作中。因此，他也很讲究实际，与明纬在工作理念上很契合。

"美国人的公司，乍看很像一棵很大、很美的树，但伸进土里的根并不深。"他比较两者之间的差异，"但华人公司，枝叶没那么壮观，扎根却很深，因此就算环境剧烈变动，还是能找到自己的依据。"

因此，再次回到明纬后，他更加明了如何让客户更加深入地了解明纬的优点。

"我觉得自己像快餐店，是华人口味，但是能满足American Palette（美式味蕾喜好）。"他再次妙喻道，向客户诠释明纬企业文化的过程中，只要稍稍将之调整为美国人容易了解的内涵，就比较容易与美国市场接轨。

"我觉得客户以前对明纬亚洲品牌的身份，其实是抱持怀疑态度，没

信赖伙伴的力量

有肯定的。"但在经过外头一轮历练后,他现在更清楚明纬的特质,这种"静水流深"的企业文化,就是要把时间轴拉长才看得出来,正所谓"路遥知马力"。

如今,他升任直销业务主管,慢慢培养出自己的风格,不拘泥于亚洲的习惯方式或西方的习惯方式,悟出自己的一套方法,能把总部的期望与当地的市场联结起来。

相对于执掌直销业务的 Fred Leung,负责美国经销业务的主管杰茜卡·章（Jessica Chang）,又是另外一种典型。

原本学财务的她,2005 年进入美国明纬时,因为很喜欢跟人接触,就开始担任业务助理,后来因为有业务人员离职,就慢慢接下业务工作；当时美国明纬也正好将直销和经销两项业务拆分,她便慢慢投入经销业务工作。

从小在美国长大的她,同样身处两种文化之间,因此她学会了将双方的意见、做法,在传达前先进行"中和",扮演起桥梁角色。

"之前进公司时很年轻,无论开发客户还是和客户开会,遇到的都是比自己资深很多的经理人。"Jessica Chang 回顾,主管总会鼓励她不要看轻自己,要把自己当成与客户同一等级,不断加强实力。

"林先生也常会丢出难题,但最后我们还是都会做到,激发出团队的潜力。"她笑着说,"定下不可能的目标,团队才会努力去达成。主管也教我,要努力帮助客户,替经销商解决问题,才能产生革命情感。"

如今,很多美国经销商都是与她共同成长起来的,彼此也有真正的伙伴情谊。

"美国市场的特点,就是主要经销商的规模都比明纬还大,这跟欧洲、亚洲的经销生态很不一样。"但是她也强调,大经销商虽然很难经营,但还是要努力拼搏,"因为大经销商有独特优势,有些客户就是偏好向大经

第十二章　培养新生代团队，组织优化不遗余力

销商订货。"

Jessica Chang 举了北美第四大电子零件分销商、世界第五大电子零件分销商 Digi-Key 的例子：它的在线渠道很强，经销量大，很多工程师都会向其购买电子零组件，因此它具有重要的地位。

在此之前，明纬就已经想尽办法与其拉近关系，但四五年布局下来，都不见进展。没想到几年前，Digi-Key 却开始主动接触明纬，"这就表示明纬因深耕欧亚市场奏效，开始做出品牌知名度，因此我们意识到自立自强很重要，只有品牌够强、够大，在消费者心目中产生认知，才会有发言权与品牌力。"

加入 Digi-Key 与 Mouser 这些大型经销商之后，"他们的营销做得很好，可以带动明纬在国际上的品牌能见度"。Jessica Chang 分析，明纬需要借力使力，借由合作伙伴的力量打群体战，进攻新市场。而经销商也需要明纬研发的独特产品，让他们触及更多市场与应用需求。

明纬的品牌优势，就是性价比。"你可以用丰田和雷克萨斯来想象这个情境。"Jessica Chang 比喻说，"虽然两者都出自丰田，汽车质量都非常优秀，但一个走经济实惠路线，一个走顶级奢华路线，可以各自找到自己的客户群。"

在这样的竞争优势下，林国栋常常强调，希望明纬的产品能做成"电源界的可口可乐"，普及全球，也很容易购得。

而正值青壮年的明纬主管们，也都如同 Jessica Chang 这样，借由不断开发市场，协助明纬真正朝全球性品牌的方向积极拓展。

明 MEAN WELL 纬
信赖伙伴的力量

第十三章

逆风前行，患难最见真情

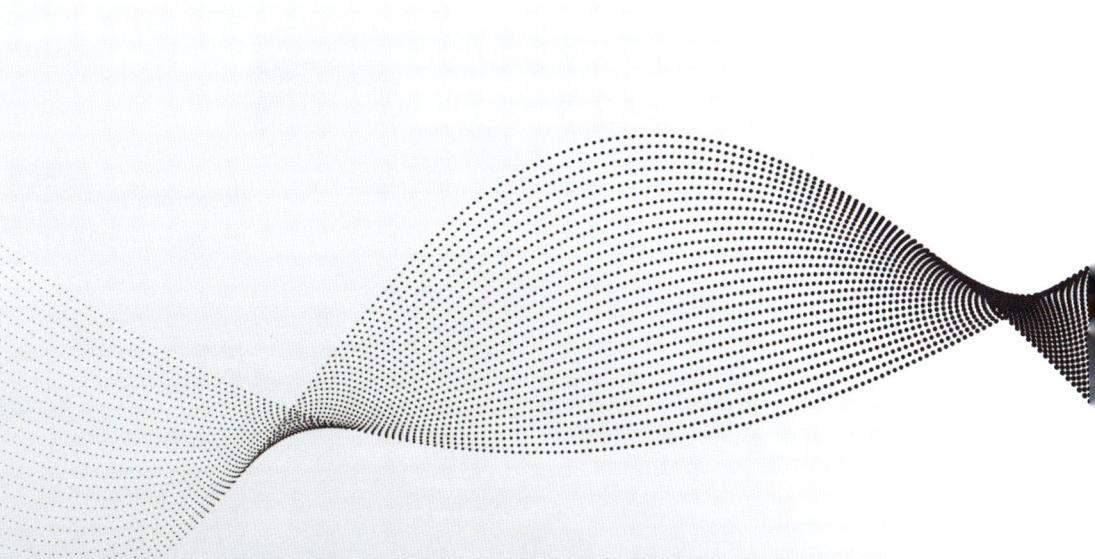

信赖伙伴的力量

2020年，对很多人来说，都是刻骨铭心的一年！一场蔓延全球的新冠肺炎疫情，打乱了原来的计划与布局，也考验着明纬40多年来辛苦打下的事业基础。

新冠肺炎疫情暴发后，随着苏州明纬与广州明纬的开工时间逐渐逼近，如何有策略地让冲击减至最低，便成为当务之急。当时明纬的欧美经销商都很紧张，生怕停工影响供货，明纬采取透明化的措施，让伙伴随时知道复工都已各就各位。

当大陆疫情逐渐得到控制后，欧洲、美洲等地疫情却严重蔓延，明纬又得展开不同的应变处置。

◆ 2020年1~4月全球新冠肺炎疫情暴发，稳定军心为首要

回顾这场惊心动魄的抗疫大作战，最早在公司内部发出警示的是苏州明纬总经理刘兴华。早在2020年春节前的1月21日，明纬就因苏州的通报，开始紧盯新冠肺炎疫情发展，到了大年初二，所有人都还在休假，明纬主管就已在微信成立群组，在林国栋领导下成立"明纬集团防疫对策小组"，迅速启动应变措施。

"春节期间，我们就知道原定1月31日的开工一定会受到影响，后来政府公告发布，不得早于2月10日复工。"明纬集团营运长陈玉钟表示，明纬采取的最重要的措施就是立刻由台湾、广州、苏州等地的主管组成"防疫对策小组"，后来又组织成立了"区域关怀小组"，并在2020年2月初快速推出"防疫网"，持续以中、英文版本的影片进行倡导及公告，对各区提报的疫情情况进行汇总，让明纬员工及全球合作伙伴快速掌握疫情状况，迅速进行应变。

新冠肺炎疫情暴发后，最急迫的就是思考明纬广州、苏州两厂该如何复工，同时也要考虑如何让供应链恢复运作，全力帮助在大陆的协力厂、

第四部 航向未来

第十三章　逆风前行，患难最见真情

供应商，让他们也能尽快启动生产线。

为了迎接复工挑战，明纬在广州、苏州厂区，备妥消毒水、口罩、体温计等防疫用品，并每天为员工测量体温，员工食堂也采取梅花座等措施，减少风险。

当时最让人难忘的，就是合作伙伴主动提供口罩给明纬的善意。"我们配合了20多年的供应商，刚好买到一批口罩，马上就送来给广州明纬协助防疫。"陈玉钟对这种伙伴互相关照的心意，感受非常深刻。

随着新冠肺炎疫情趋于紧张，两座厂区的复工率一开始的确不高，再加上当时不少地区交通管制，很多外地员工无法从家乡返回工作岗位。

"有些人就算上了高速公路，也不确定能下匝道，我们甚至曾考虑派车去匝道接回员工，让他们可以重回生产线。"陈玉钟表示。

盘点整个明纬集团，在所有地区中，湖北的员工仅有50多位，因此受到的冲击也相对较小。几经波折后，这些工作伙伴全都顺利回到明纬，投入复工行列，也让明纬的复工迅速恢复正常。

"只要是一家人，就不会互相排斥！"陈玉钟回顾，尽管当时湖北的新冠肺炎疫情格外严峻，但同事们并不会对湖北的工作伙伴冷眼相待。而且经过统计，明纬员工在新冠肺炎疫情后重回岗位的返工率，相较于其他企业也更加出色。

明纬防疫网有简体中文、繁体中文、英文三种文字，让新冠肺炎疫情策略可快速传递

信赖伙伴的力量

在新冠肺炎疫情暴发之初，明纬便成立了"关怀小组"，了解员工的状况或个人需求。一开始，明纬依地方政府要求在广州、苏州两地推行"健康码"，管控员工与访客的身体状况，除了提倡员工自主管理、减少群聚，每天还为员工测量两次体温，并上报地方政府，总部紧接着也跟进"健康码"的措施，并于2020年5月推广至欧美分公司。

"尤其我们以柔性的关怀来展现体贴，设置关怀小组，随时掌握成员状况，可以看出我们对员工伙伴的重视。"集团企划室协理王宪政解释。这次新冠肺炎病毒多以飞沫形式传播，因此明纬以"屏风"的概念对员工进行分组，一个小组就如同一扇屏风，如果有人不幸受到感染，就暂时将整组移出并隔离，把传染概率降至最低，同时有效保持联系。

明纬集团大中华区总监蔡明志也表示："那时我们最在乎的不是业绩，而是伙伴的安危！"明纬原本预定在2020年3月举办的经销商会议，后来因为新冠肺炎疫情改成Zoom在线会议，会议中完全未谈商务，只是给予所有伙伴关心与支持。

这些关怀发挥了很大的效用，借由精神支持，把彼此的感情凝聚在一起，让彼此可以互相依靠。

"明纬的伙伴，就像散布各地的兄弟姐妹，我们当时就是等着大家回来，一个都不能少！这是大家共同的约定。"蔡明志表示，"印象最深的，就是视频会议时，看着封城中的武汉伙伴准时上线，一瞬间'欢迎回来'的字样不断刷屏，那种彼此联结的情绪，实在令人感动，因为毕竟大家是分不开的合作团队。"

不仅用心关爱公司内部员工，明纬对协力厂及供应商也非常重视。一开始，明纬曾担心缺料问题会让供应链无法顺利接上，但在有力的保障措施下，供应商与协力厂并未因新冠肺炎疫情而产生缺料问题，算是顺畅复工。

第四部 航向未来

第十三章 逆风前行，患难最见真情

"我们特别关心供应商的人力调度，除将他们加入微信群组，直接沟通外，也提出纾困方案'X计划'，供应商的产能若影响出货，就马上进行调整，针对现金流、原材料、人力等三大挑战，进行应对协助。"陈玉钟回顾，"比如磁性组件供应商，因为非常关键，所以就会特别关心。"

"当时缺工不好请人，供应商传来薪资表，发现工资贵了一倍，空运成本也暴涨五六倍，但供应商依然全力相挺，这全归功于平时就建立的稳固的伙伴关系。"

为了帮助伙伴渡过难关，明纬提供各种纾困方案，比如延后回收账款，让合作伙伴有更充裕的周转期，甚至提出免付利息等权宜措施，协助伙伴解决眼下面临的难题。

明纬还以提前付款等方式，帮助供应商渡过难关，"一般都是60天付款，但我们缩短到30天，让供应商可以快速取得资金，避免资金周转出现问题。"明纬的抗疫宣言之一，正是要尽一己之力，促进产业复原。

2020年3～8月欧美新冠肺炎疫情高峰期，明纬电源成"救命丹"

第一波新冠肺炎疫情稍微停歇，第二波却在全球疯狂蔓延，又是一次惊心动魄的体验。

"（2020年）3月才一开始，我们就看到意大利伦巴第大区封锁的消息，的确是蛮惊讶的！我们马上联络欧洲各区人员进行状况盘点。"明纬集团海外区总监郑志得回顾，了解了伙伴的健康状况后，明纬很快就做好了长期抗疫的准备。

除了每周固定拨打电话或以视频与合作伙伴保持联系，传达关怀的心意外，明纬防疫网还制作了英文版影片，让全球合作伙伴都能了解明纬的应变措施。

信赖伙伴的力量

"让我最难忘的，还是伙伴间发起的物资相互支持行动，让人非常感动！"郑志得回忆，2020年三四月新冠肺炎疫情在大陆趋缓后，广州明纬、苏州明纬主动采购口罩，寄至明纬欧洲、美洲、亚洲其他国家的分公司，再发送给经销商伙伴，传递来自远方的温暖。

"其实大陆复工后，工厂依旧有口罩需求。"但明纬发挥人饥己饥的同理心，协助新冠肺炎疫情严重地区找到安定的力量，实在是用心良苦。"我们以Zoom召开在线会议，明显感觉到他们收到口罩后，深刻体会到了明纬对大家的用心。"患难中还能坚持善意，更见真情可贵。

明纬因长期推动伙伴关系，所以在非常时期能发挥出绝佳的动员能力。

新冠肺炎疫情蔓延期间，各地对呼吸器等医疗器材的需求直线上升，因此，相关电源产品供不应求。郑志得回忆，西班牙的新冠肺炎疫情相当严重，当地经销商传来讯息，表示急需数千台呼吸器电源，而且要求两周内到货，明纬便自告奋勇居中协调，立刻得到其他地区经销商的协助。

"这绝不是为了获利，纯粹是把救人放在第一位，因此明纬发起了'一台电源救人一命'的调货赶工大作战，这说明明纬提出的'MEAN WELL Can Help(明纬可以提供帮助)'不只是口号，而是可切实落实的行动。"

明纬集团大中华区总监蔡明志也表示："一台电源背后，就代表一个生命！"随着呼吸器、核酸检测仪、口罩机、体温测量仪等设备的需求急速升高，明纬紧急调整苏州产能，设立医疗电源专用生产线，并将原有产能分配至广州厂及台湾厂，日夜加班，全力投入抗疫保供专线。

随着俄罗斯、美国、印度等地陆续受到新冠肺炎疫情冲击，欧洲地区也面临暑假过后的第二波新冠肺炎疫情高峰，明纬总部以及各分公司、各驻地办公室持续以常态化防疫的完善准备，与经销伙伴们携手度过抗疫的第一个冬天。

第四部　航向未来

第十三章　逆风前行，患难最见真情

● 2020年1~8月台湾总部指挥调度，串联全球资源

每周一上午的集团GQM主管周会，各主管会根据每周的最新情况提出应对策略与观察分享，除沙盘推演新冠肺炎疫情走向外，也对各国确诊人数增加速率进行评估，提前布局，进行风险管控，同时开展产能调节与生产机型管理。

这个固定的主管会议后来不仅关心新冠肺炎疫情，也兼顾关注贸易冲突、区域地缘政治、油价、股市、水患等话题，以红、黄、白等信号灯标示风险等级，让主管从全球化的视角掌握变化。

"这次可以感觉到，无论是台湾还是大陆，都对新冠肺炎疫情有很高的警觉。"王宪政比较分析，"上次SARS来袭时，是恐慌情绪多于具体措施，这次新冠肺炎疫情的应对则有明显进步，可以看出大家从过去的经历中吸取了经验、教训。"

"而且这次我们更善于使用网络、通信等科技手段，借由影片、防疫网、Zoom视频软件、微信群组，将员工与伙伴紧密联系起来。"王宪政说，就算有伙伴被隔离，也可以感受到明纬的心意，不断从关心中得到力量，稳住心神。

比如，明纬先以微信群组将成员团结起来，从集团总部到各地分支，再到经销商、协力厂，通过对策发布、各地汇报集思广益，分享信息，形成紧密联结。这样的措施，让信息得以迅速流通，能有效协助明纬判断形势，并针对各地市场拟定对策，后来这个模式被延续下来，无论遇到什么突发状况，都可快速提出应对策略。

"我们希望，孤独的伙伴不再孤独！"因此2020年3月的会议，明纬特别邀请武汉经销商进行视频，分享当地状况，讨论复工复产后的各种可能。

信赖伙伴的力量

在这种不安的情绪下，影片成为串联彼此情感的媒介，借由影像、音乐与旁白，把彼此的心意与感情联系在一起。

负责统筹影片制作的明纬集团营销中心营销经理陈莉娟回忆，当时她就在努力思考，究竟什么样的方式能最快反映新冠肺炎疫情，并将关怀传达出去。最后她决定以感性叙事为表达方式，推出十几部影片。这些影片各有主题，产生了不同的影响力，也反映了明纬人面对新冠肺炎疫情时的心境变化。

"病毒无情，人有情。"王宪政表示，伙伴必须携手朝下一个阶段迈进，因此影片结合了当时的环境、氛围，实时反映议题，也呈现"爱要实时"的要求，深刻表现出"心怀善意"的企业文化。过程不易，但甘苦与共的精神有效凝聚起明纬这个大家庭。

在热情的链接之下，制造电源器外壳的供应商，雪中送炭为明纬张罗了几千个口罩；成都也有伙伴通过明纬群组协助，在苏州找到了电源供货，赶制出数百件红外线体温测量仪；还有3D打印口罩厂商快速找到了电源产品支持，顺利投产……凡此种种，令人深刻感受到伙伴们互相帮助的热诚，让伙伴在困难中看见互助的力量。

"我们平常也许很难感受到电源如何助人，但就在这次新冠肺炎疫情中，我们心里有了很踏实的感觉，因为真正体会到伙伴那种共存共好的关系。"蔡明志回顾。

"一定要共好，才会有共荣！"郑志得分析，新冠肺炎疫情不会一两天结束，如何平稳渡过难关，才真正考验明纬的智慧。

顺天应地，大勇无惧

此次面对新冠肺炎疫情，明纬不但努力在乱局中寻找正确的方向，也更深化了"心存善念"的原则，设身处地为伙伴着想。面临前所未有的危急时刻，明纬展现了心怀善意及信赖伙伴的企业文化，以无惧的态度和稳

第四部 航向未来

第十三章 逆风前行，患难最见真情

定的力量影响身边的伙伴。

2020年5月，明纬总部迎来一座名为《无惧》的关公雕像，这座雕像由台湾知名艺术家罗广维创作。特别的是，这尊关公不握关刀、不读《春秋》，而是一手向天一手向地，代表着顺天应地；其右手掌心朝天，左手握拳向地，在武功学里，掌代表文，拳代表武，右掌朝天、左拳向地代表文武双全、传承忠义；整体作品呈S形架构，犹如太极，寓意扭转劣势与翻转乾坤，代表明纬做好面对新冠肺炎疫情的准备，顺天应地不逞强，做好有序复工。

2020年5月，一座以《无惧》为名的关公雕塑进驻
明纬台湾总部，代表着明纬勇往直前的企业精神

信赖伙伴的力量

明纬身为全球企业公民的一员，秉持心怀善意、关怀伙伴的理念，提供稳定力量，促进产业复原。明纬深知缺一个零件就无法生产，唯有产业复原才有订单，唯有经济复苏了大家才能过上正常生活。因此，明纬积极偕同全球客户支持医疗设备用电源，有序推进整体产业的复原计划：加速发展医疗、民生、通信、智能化产业，使产品朝更高端的技术前进，并将营销、业务、PM（产品经理）、技术服务、客户服务、售后服务进行整合，期望作为"领头羊"，一步步带动电源产业复苏。

未来，留给超前准备的人

不只以电源专业为抗疫尽一份心，明纬也认识到抗击新冠肺炎疫情势将成为长期战，在进入"常态化防疫"的当下，除了协助伙伴渡过难关外，还利用因各国各地区封境而多出的时间计划未来。

以往明纬会利用参加全球各项重要展会的时机，与客户们面对面交流，同时在会展期间进行新产品、新技术及新应用的发布。然而全球新冠肺炎疫情发生以来，明纬不断收到展会延期或取消的消息，打乱了其全球参展计划，也打乱了明纬原定的新品发布计划。

"这次因为各国和各地区的封境，人员无法出差，反而是练兵的绝佳时机。我们通过每周的技术创新委员会议，PM（产品经理）与RD（研发）有了更多、更深入的讨论，逐渐勾勒出未来产品的发展方向。"蔡明志表示。

明纬的营销团队一直在思考如何提升数字营销手段，让全球伙伴及客户实时获得明纬的产品信息或技术应用等信息。新冠肺炎疫情期间，明纬团队迅速取得共识，由集团营销中心统筹，团队分工合作，推出一个全新的"明纬线上展览馆 MEAN WELL EXPO"网站。而这个网站，从创意构思到在线发布仅仅用了三个月就顺利完成了。

第四部　航向未来

第十三章　逆风前行，患难最见真情

明纬线上展览馆

在官网首页设立入口的在线展览馆，除了依据产品线分别设立不同的产品馆外，还设立了技术服务馆和售后服务馆，让明纬团队能直接在线上服务全球伙伴和客户。其中最特别的是"未来馆"的设立，馆中完整地介绍了未来新产品及新技术的发展规划、标准电源产业对终端应用产业的引领或标准电源产业发展趋势，以及现代化智能与科技发展方向等。同时，明纬以苏州新厂规划作为基本蓝图，结合"Powered by MEAN WELL"的伙伴和客户，充分展现近40年来累积的标准电源相关应用与技术，一个充满自动化与智能化的未来科技、一个全新的苏州明纬智慧园区指日可待！

◉ 信赖伙伴的力量

◉ 明纬抗疫宣言：心怀善意、关怀伙伴、提供稳定力量、促进产业复原

回顾这段抗击新冠肺炎疫情的日子，林国栋表示，明纬不能独善其身，伙伴感受到明纬的用心，就会一起打拼。虽然抗疫的过程很辛苦，也必定会有对未来的不确定感，但日后回望这段经历，一定会看到挑战背后不同的意义。

携手共渡难关的情谊，不仅将成为驱动转型的良机，也会化为心底的无限感动，更深化彼此信赖的伙伴力量。

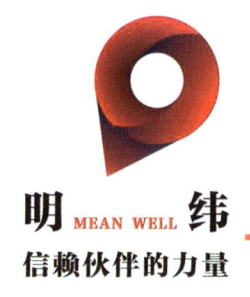

明 MEAN WELL 纬
信赖伙伴的力量

第十四章

回归善念初心，凝聚社会"向善力"

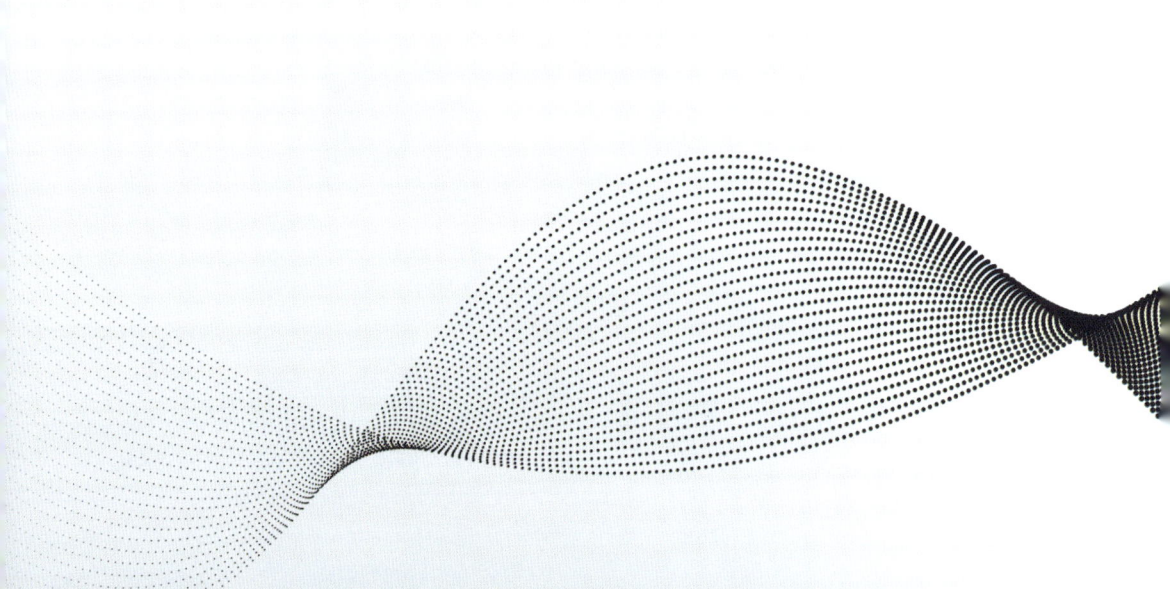

信赖伙伴的力量

一个凉爽的清晨，天刚蒙蒙亮，走出台北近郊的碧潭地铁站，路人虽然还很稀疏，但几张微笑的脸孔已经出现在单车租借站，等着与林国栋一起出发，沿着秀丽水岸骑乘去！

这群身着劲装的伙伴是明纬单车社成员，加上集团企划室协理王宪政、营销经理陈莉娟、公益委员会副主委郭文梅，一行人浩浩荡荡，准备沿着河滨自行车道，经过景美、公馆、大稻埕、关渡，完成30公里挑战，抵达终点八里与淡水。

一路上，迎着微风向前的林国栋，脸上带着笑容，看起来亲切很多，跟他在办公室时常不自觉陷入沉思的神情迥然不同。

快抵达老家板桥江翠时，林国栋停下来，指着远方的淡水河，向同行的伙伴示意，在淡水河、大汉溪、新店溪交汇处，还矗立着那棵老榕树，让他回忆起童年，向同行的伙伴说着过往生活的美好与单纯。

那是台湾经济即将起飞的年代，也是台湾由农业社会迈向工业社会的转折点。

以往清澈见底的河水，一度污染严重，成为一条臭水渠。后来，经过整治、规划沿岸亲水空间，才稍稍"复得返自然"。

这一切，就是人们在追求经济发展的过程中，忽略了与自然和平相处而付出的代价。

以往的静水流深，已经一去不复返了。林国栋看在眼里，内心有一份不舍和沉痛。

上善若水，淡水河象征初衷

林国栋这一代人，胼手胝足，随着台湾经济的腾飞，一向重视人情、乡土情的林国栋，却也看到自己的家乡、台北的母亲河，在经济奋起的同时，不断向下沉沦。

第四部 航向未来

第十四章 回归善念初心，凝聚社会"向善力"

在2020年6月举办的"为淡水河做一件事"公益活动中，明纬力邀经销商台瓷、耀毅、永钜等共襄盛举

因此他在2011年发起由明纬主办的第一届"我爱淡水河"活动，邀请员工、员工家属、经销商、供应商、协力厂等伙伴，一起重新拥抱属于所有人的美好水岸。

2019年，这项活动正式迈向第九届，迎来3000多名伙伴热情参加，除了依旧举办悠游单车、快乐路跑、敬老健走、蓝色公路以及观音山登山等各式活动外，更别出心裁，于左岸八里环境教育中心广场，公布了群众对周围环境满意度调查情况的网络投票结果，并与来宾共同许下八个"明天会更好"的愿望。

林国栋邀请了台湾《天下杂志》社长吴迎春、知名治水专家李鸿源教授，以及明纬公益基金会董监事会成员，共同参与。在公布结果时，与会者发现，群众普遍对河滨自行车道、淡水历史博物馆、河岸休闲、环境教育等感到"满意"；对蓝色公路、水上活动等项目认为"尚可"；对"水质改善""鱼

信赖伙伴的力量

群回来了"这两项感到"不满意",参与者普遍认为淡水河表现最差。

借由八大愿望,现场来宾祈愿淡水河未来能在这些方面不断进步。

为了引起大众对环境议题的重视,明纬从2019年开始,持续与《天下杂志》合作,并赞助淡水河纪录片制作,通过青年导演邹隆娜(Rina)的视角,唤起大众对河川的珍视,激发了解和行动关怀。

从关怀退休员工到关爱社会

2020年,不仅"我爱淡水河"与"明纬公益音乐会"等活动即将迈向十年有成,全新成立的明纬公益基金会也已经启动,准备为社会公益尽更多心力。

说起明纬的心怀善意,就一定要从公司里的社团与关怀组织说起。明纬不仅照顾现任员工,也将退休员工视为明纬大家庭的一分子,绵延的关怀从不间断。

成立于2014年的"明纬长青会",现今已有36位会员,会长颜锦同回顾:"'长青会'是明纬为退休员工发起的组织,让大家可以参与公司举办的各种聚会及公益活动,通过这些交流联谊,彼此关照,联系感情,退休员工有任何需要,我们也会提供协助。"

颜锦同特别指出:"一家企业如果连退休员工都能提供服务与照顾,相信对目前任职的员工甚至客户及供应商,也能提供合理的照顾与支持,达到三赢!"由这些初衷就可看出,明纬是对伙伴怀有深厚情感的企业,随时都在实践"心怀善意"的企业精神。

现任"明纬长青会"副会长张秀盆也表示:"我觉得我们的这个家很有心,把退休员工照顾得很周到,每次出游,大家就像孩子参加校外教学般快乐,回到公司,也看到很多老同事依旧坚守岗位,感觉就像回娘家一样,很开心!"

第四部 航向未来

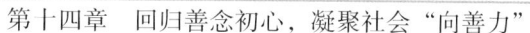

第十四章 回归善念初心，凝聚社会"向善力"

不只"长青会"经营得有声有色，由各部门主管组成、林国栋亲自担任主委的明纬社会公益委员会，多年来也策划执行了不少活动，将企业社会责任深植于所有员工的价值观中。

2019年底成立的明纬公益基金会，更是集多年实际投身公益活动之大成，从原本的基础延伸，将善意传得更远、更广。

"明纬公益基金会的前身，可追溯至明纬内部发起的公益社、社会公益委员会，之前比较偏向针对明纬的员工与伙伴，现在则开始对外，每年投入上千万元预算，希望以制度化的基金会形式来推动运作。"林国栋强调，规划多年的基金会，未来发展目标很清楚，将聚焦文教、环保、慈善三大主轴。

"我常常提醒明纬伙伴，要心怀三股力量，其中'向乐'比较容易做到，但要持续'向上''向善'就比较困难。"林国栋认为，"明纬应该怀着感恩的心，关怀这片土地及身边的人。"因此他推动成立明纬公益基金会，延续过往的精神，进一步投身公益服务，发挥关怀社会的大爱精神。

"早在30多年前，明纬就有公益委员会。"林国栋解释，这股向善的力量从未消退，因此决定成立基金会绝非一时兴起，而是默默投入已久。他期待坚持多年的善念可以惠及更多关怀对象，并让向善力在制度化下，一步步走向更多元的实践。

"明纬最早举办的'我爱淡水河'活动，就是由公司内部社团自发组织的，并策划出路跑、自行车、渡轮、爬山等与淡水河相关的活动。先从点开始，再连成线、串成面，把供应商、经销商、协力厂、员工家属等更多明纬人拉进来，扩充能量与号召力。"

"当初，台积电也是由公司内部社团去扩大关怀面，微软创办人比尔·盖茨也投入了基金会的创设，做了很多好事。"林国栋表示，受到这些标杆企业启发，他决定投入25万美元成立基金会，邀集7位董事共同

信赖伙伴的力量

集思广益，锁定三大重点领域，一是补助社会福利机构，二是发展基金会自身主导的活动项目，三是成立小区据点，将关怀视角延伸得更广。

目前，在基金会成立前期，重点针对公益团体进行补助，仅在2020年就补助了10家社会福利机构，林国栋亲自对其进行考察，确认需求。

更长远的目标，则预计分别从老、中、青三个年龄层切入，发展出不同的服务项目。

"比方说，我们会结合本身制造交换式电源的利基，与合作伙伴结合，一起实践善行。"目前担任明纬公益基金会董事的集团企划室协理王宪政表示，近期会前往花莲秀林乡等地幼儿园进行LED灯具捐赠与装设，把Powered by MEAN WELL合作伙伴一起拉进来，共同投入向善的行列。

另一个发展重点，则是构思针对"银发族"开发社会公益项目。

"明纬内部原本就有长青社。"林国栋分享，"有了基金会的组织，可以延伸出更深远的影响力，帮助更多的人实现'老有所终'的愿望。"

明纬公益基金会举办的"我爱淡水河"活动

第四部　航向未来

第十四章　回归善念初心，凝聚社会"向善力"

明纬公益基金会举办的公益音乐会

"明纬的员工会老，员工的父母也会老，因此我们希望思考如何让人安度晚年。"林国栋观察到，其实整个社会对"银发族"的赡养与身心安顿，有着极高需求。

因此，2020 年 9 月 11 日，明纬公益基金会就在板桥江翠，也就是林国栋的老家成立了一处小区关怀据点——阿公家，一方面希望提供服务据点，邀请与明纬长期合作的家庭医学科医师，为老人们提供健康咨询；另一方面也让老人们有相互交流的去处，把关怀延展到邻里。

而在 2019 年提出"传承、合作、创造新明纬"的主张之下，明纬也把关怀的目光投向新生代伙伴，着眼于提升知识的向上力，因此推出在欢

信赖伙伴的力量

乐气氛中也可长知识的"青年团"活动。

每次活动都会邀请不同领域的演讲者，以深入浅出的方式，轻松分享各个行业与领域的酸甜苦辣，并由公司内的年轻同仁湘湘（王湘羽）担任团长，号召年轻一辈明纬伙伴一起参与，不但吸引了明纬的新生代员工，也有不少经销商第二代伙伴热情加入，在交流中激发出吸收新知的动力。

此外，在台北中山纪念馆举办的明纬公益音乐会，也已经卓然有成，成为明纬广为人知的传统之一。延续过往以音乐传达和谐、进取与生命力的理念，2020年推出的明纬公益音乐会，借由悠扬的歌声与演奏，传达明纬人"明天会更好"的期望与憧憬。

而在苏州，明纬也热情投入环保公益活动，由明纬员工、员工家属以及合作伙伴组成的近200人的公益环保队伍，积极发挥主动出击的力量。

由苏州明纬发起的"净山"活动，每年都举行，在环保团队的热心清除下，山林所累积的废弃物逐渐消失，还给大地洁净的面容。

"每一次迈步、每一次弯腰，都促使山林越来越干净。"苏州明纬的伙伴表示，每年例行的净山活动并非单纯捡拾垃圾，还要挑战攀越陡峭的山峰，但当大家看到通过己力而变得越来越干净的山径，也会忘记一路的疲倦，露出最真心的笑容。

"虽然我们所捡的垃圾，可能只是冰山一角，但是我们希望通过这样的活动，去影响周围其他人，告诉他们保护环境人人有责，也告诉我们的下一代，要爱护环境、保护家园。"

第十四章　回归善念初心，凝聚社会"向善力"

明纬创立35周年时，苏州明纬组织"净山"活动

这种从自身做起的行动力，正是支持明纬人不断投身社会公益、展现善意的初心。也正是通过这种"推己及人"的感染力，让明纬尽显企业社会责任，明纬人不仅自己主动投入公益慈善事业，也带动合作伙伴共同参与，发挥示范带动的积极作用。

回顾这一切"向善"的坚持与实践，与林国栋同龄的明纬上海区经销商彭侃曾经这样感性剖析："我们这一代人，总是以工作为先，想要白手起家，但现在也想为社会做一点贡献。"

也正是这样的情怀，让林国栋在事业有成之后，兴起回馈之心，从个人到企业，再到社会，通过善行把善意传播出去。

而这所有的努力，都得再次回归到那小小的火花——意正心诚，则知所立命。

◗ 信赖伙伴的力量

也正是这样的心存善意，才能让我们的世界变得更加美好、更加真诚。

◗ 爱心不分国界，善意传遍全球

明纬的公益与慈善活动，并不局限在台湾总部，只要有明纬人的地方，就能看到"把爱传出去"的力量。

一向致力于文教、环保、慈善活动的明纬，由集团总部公益专员黄裔娟、员工关系专员林怡君、广州的蔡满满、苏州的顾爱华、美国的Candy Lee、欧洲的Snow Lee共同在全球推动公益活动，将爱散布到世界各地。

多年下来，明纬不断开展多面向的关怀活动，如美国的食物银行、爱心餐会，欧洲的G-hockey残障人士曲棍球、荷兰龙舟赛等，期望借由服务不同弱势群体的体验，更加了解社会需求；明纬更进一步将关爱社会作为企业使命之一，以企业的影响力，增进社会祥和与温馨，并以实践敬老尊贤，促进明纬退休员工联谊，保障其身心健康。

以欧洲明纬分公司为例，2019年，该公司便与荷兰乡亲会、中国台湾商会等团体，在Amstelveen的De Poel湖畔，协力举办"端午节龙舟竞赛嘉年华"，吸引数百位来自全欧各地的民众热情参与，并有多家荷兰媒体争相报道，一同见证中华文化的传承与发扬。

活动的亮点当属现场的12艘龙舟同湖竞技，其中由欧洲明纬员工、德国经销商Emtron以及供应商组成的"明纬伙伴队"，在欧洲明纬总经理刘方伯的带领下勇夺冠军，展现出明纬信赖伙伴的团结合作精神。

"在这次龙舟赛过程中，我们充分体会到，唯有大家心念、动作一致，才能顺利前行。"欧洲明纬人力资源经理、负责筹划此次活动的Snow Lee，一语道出"合作"正是明纬赖以立足欧洲、放眼全球的核心价值。

活动的另一个亮点，是由欧洲明纬福委会购置的正港龙舟，它在多年

第四部　航向未来

第十四章　回归善念初心，凝聚社会"向善力"

前由中国台湾高雄市赠予荷兰阿姆斯特尔芬市，作为双方友谊的象征，如今再由明纬主动出资协助购入，更使这艘珍贵的龙舟得以被妥善保存，让端午佳节的中华优秀传统文化能在欧洲延续、发扬。

2019年6月，欧洲明纬举办荷兰龙舟竞赛，邀请欧洲伙伴参与

信赖伙伴的力量

对于公益活动，美国明纬同样不甘落后，早在2014年便举办了首场慈善音乐会，邀请有音乐天赋的身心障碍者进行表演，公司也捐赠了一笔可观的善款给这些表演者，让"取之于社会，用之于社会"的理念在海外传扬，以行动验证明纬多年来坚持"心怀善意"的初衷与精神。

2017年，适逢明纬创立35周年，美国明纬分公司特地举办了一场庆祝活动，邀请公司所在地的费利蒙启明学校（Fremont Blind School）学生表演，并为该校捐款1万美元，让该校师生极为感动。更难能可贵的是，明纬在美国的长期经销伙伴——Master Electronics 也在明纬的带动下，为受邀团体慷慨解囊，展现了共襄盛举的热诚，也证明心存善意的理念不只植根于明纬员工心中，还能将爱不断扩散，让合作伙伴也一同感受这股"向善力"带来的感动。

2017年美国明纬邀请当地的启明学校参与35周年纪念活动表演，并捐赠公益基金
（左三为美国明纬前总经理董少达，右一为林国栋）

明 MEAN WELL 纬
信赖伙伴的力量

第十五章

凝聚大中华，放眼全世界

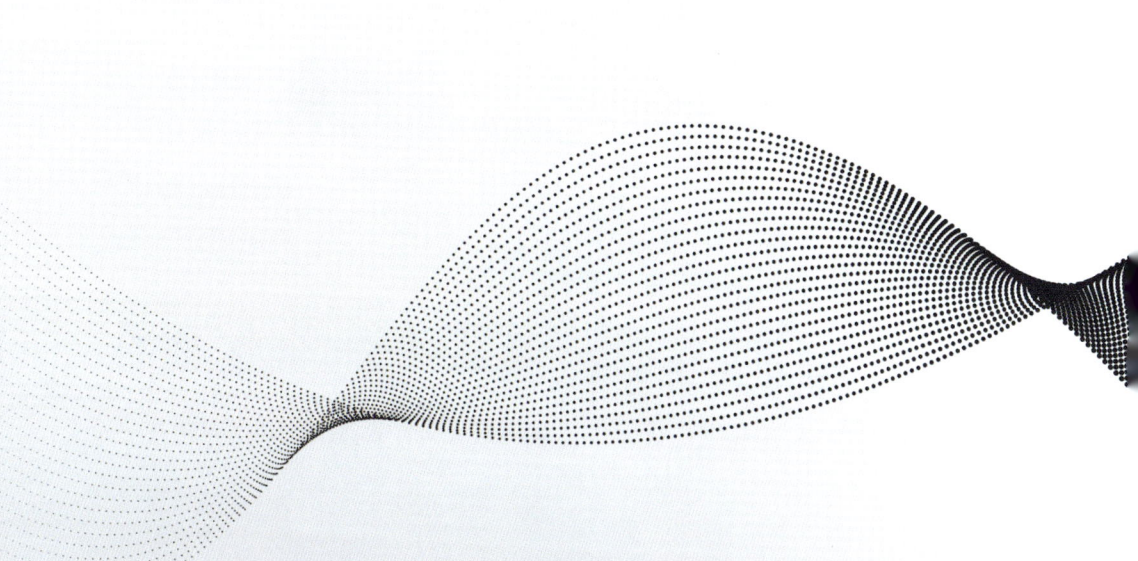

信赖伙伴的力量

当你下次造访明纬苏州新厂时，可能会是这样的情景：一踏进宏伟的大门，就有仪器自动为你测量体温，落实门禁与健康管制。抬头往广袤园区望去，所有消防、门禁、空调、照明、窗帘、用电管理等设备系统，都由中央控制平台精确掌握，落实节能、高效原则。

如果你看到从仓库开出的运输车上没有人，千万不要奇怪，因为这里还打算用无人驾驶车，协助厂区更顺畅地进行物流输送。

这样的场景，并不全然是凭空想象，明纬在苏州的新厂区正如火如荼兴建中，一步到位的智能规划，正是其重点。

"苏州新厂是明纬最大的标准电源生产厂，也是重要的实验场域，更是最大的电源产品解决方案展示场，集多种功能于一身，肯定很有看头！"明纬产品规划暨大中华区总监蔡明志指出，面积近10万平方米的新厂，投入9亿元人民币兴建，园区除采用Powered by MEAN WELL的伙伴产品，展现明纬电源的各项应用外，也将设立协纬公司，再次展现信赖合作伙伴的力量。

◉ 厂区自动化，展现坚强整合实力

苏州明纬总经理刘兴华分析，新厂的特色便是创新，除了将在园区内设置会展中心外，还引入新一代能源与管理系统，融入楼宇自动化技术，与通信、安控、环保等领域的合作伙伴携手，展现明纬的产品力与系统整合服务能力。

这座新厂，整体面积约有台湾厂的12倍大，广州花都厂的1.6倍大，更比原来的苏州厂足足大了6倍，预计2022年底启用后，年产量可达一亿台，再次将明纬产能推向新高。

苏州明纬厂长郑敏郎也表示，新厂区设计早在2019年便已展开，它并不只是生产基地，而是结合了制造、物流、研发等综合机能，为未来发

第四部 航向未来

第十五章 凝聚大中华，放眼全世界

展至少预留了 10 年成长空间。

从规划图可以看出，厂区共设置五幢大楼，一号楼为研发大楼，设有国家级实验室、会展中心、会议中心、新创育成中心，以及明纬中国总部。二号楼锁定物流功能，作为储运料仓、成仓使用。三号楼则规划为生活功能，作为员工的食堂、餐饮空间使用。四号、五号楼则为生产厂房，分为制造大楼 A 栋与 B 栋，涵盖自动化车间、一条龙生产线、组测线等。

"最特别的是，我们还会有自己的认证实验室！"刘兴华特别表示，自行设立具有认证能力的高标准实验室，其实所费不赀，必须投入可观的资源与资金。不过，为了明纬的长远发展，超前部署势在必行。

"目前，我们得将产品送到外部机构进行安规测试与认证，相当费时费力，而且只能发现问题，不能解决问题。"拥有国际级标准安规认证及 EMC 实验室，未来不仅产品认证更有效率，也可为客户提供更细致的服务，并成为全球少数自行投资筹设国际认证实验室的电源大厂。如此一来，"不仅能与合作伙伴一起解决问题，也可对外营业，延伸出更多可能"。

◉ 明纬+协纬，延伸更深的伙伴情谊

而明纬苏州新厂不只注重生产、研发，也为拓展更多合作伙伴做了许多准备，最引人瞩目的便是"协纬"这家公司的成立。

2020 年 3 月成立的协纬，其实早在 2019 年就已产生概念雏形，它成立的最主要原因就是激发更多的合作可能，让国内的经销商、供应商伙伴能通过协纬成为 SDG 集团股东，不仅共享资源，而且共创未来。

协纬的业务范围很广，一方面，它寻求供应链合作，如与机壳或线材厂合作开发；另一方面，延伸出自动化设备、经销商通路、育成中心、人力资源中介、财务投资等业务。协纬的运作模式是：先合作，产生互信与

信赖伙伴的力量

协议，再一起合作投资，由合作伙伴经营，明纬从旁协助，产生类似于合资公司或关联企业的运作模式。

刘兴华举例说明，人力、企划、招聘、中介等服务，便是协纬的业务之一，因为协力厂其实也有人力资源调度需求，我们可为明纬的合作伙伴提供最贴近需求的规划。

另外，像发展自动化设备，在明纬锁定国际拓厂据点时，就可进行海外整厂设备输出。而在财务投资业务方面，则是日后若有合适标的，也可进行投资并购，扩大明纬的业务范围。

"未来有各种可能，在同步发展明纬与协纬的愿景下，新的创意会在苏州厂不断产生，让客户产生更高的信赖感。"

为了这样的发展，明纬苏州新厂不但特地保留40%的空间提供给协纬使用，未来协纬甚至不排除在上海科创板上市的可能。目前初步预估，借由协纬的帮助，明纬将在2030年达到100家ESG集团的规模。

三厂共荣，合力满足客户与市场需求

不仅苏州新厂正在如火如荼筹建中，未来如何更有效地整合台湾、广州、苏州三厂资源，也是明纬未来在大中华区布局的一大挑战。

苏州明纬业务部经理马俊文指出，三厂各有分工，多年下来已能根据市场与客户需求灵活调度产能，达到最佳配置。

"台湾厂集中在少量复杂机型，以及大功率产品；广州厂以LED、显示屏、智能楼宇自动化为主；苏州厂则以机壳、导轨电源、医疗等领域产品为主。"未来苏州新厂成为明纬的大陆发展基地后，将以工控、医疗、通信等产业为主。

"苏州厂之前就有独立研发完成的机型，日后还会挑战难度更高的产品，发展综合实力，而且协纬进驻之后，发展也不再限于电源产品。"

第四部　航向未来

第十五章　凝聚大中华，放眼全世界

苏州明纬研发经理何马超也举例说明，过去这三家工厂大概有四种合作模式。

第一种是由台湾总部设计企划，广州厂、苏州厂执行生产。

第二种是彼此合作企划，一起开发。

第三种是由台湾总部企划，广州厂、苏州厂设计生产。

第四种是三厂互相合作，以"转产"机动调节产能。

"明纬的三厂合作，已经很具有弹性，产能也能跟得上市场需求。"何马超表示，过去常是台湾厂做到八九成，再转到广州、苏州两厂生产，而苏州厂从5年前开始朝向设计转产发展，一方面加快了产品开发速度，使其更富竞争力，另一方面也使产品具有更高的性价比，加速了明纬在大陆的布局。

广州与苏州两厂已经越来越有独当一面的能力，日后苏州新厂研发中心加入后，将更强化研发设计能力，新生代人才的培养以及创新能力的激发，将是明纬发展的关键。

◉ 携手共建，不断激发创新思维

"明纬是走向全球的企业，总部设在台湾，两岸设立三个制造基地，很多业务都是跨厂、跨机能合作，我们的终极目标就是'每个厂区都要有判断与解决问题的能力'！"明纬产品规划暨大中华区总监蔡明志表示，在因地制宜中，未来将更着重在两岸三厂之间找出更均衡共荣的互动模式。

虽然苏州新厂与之前的生产基地有所不同，但是由于三厂定位清晰，苏州新厂建成后，会有更明确的分工，而且更倾向于在地自主研发。

明纬集团研发协理简鹏辉指出，2019年以来，电源市场持续发生转变，尤其电源产品与数位控制的结合越来越密切，亟须再将产品向上提升，而

信赖伙伴的力量

交流（AC）转直流（DC）的趋势也更为明确，明纬意识到，必须在这一转变过程中扮演更积极的角色。

"我们不断地从客户需求去找出新的应用，很多产品在开发阶段就已将客户需求整合进设计中。"未来明纬除了锁定大功率电源产品发展，也朝向系统整合服务发展，将众多产品进行更多元的整合。因此，团队不只需要传统的电源人才，更需要具有多元能力的新秀加入。近年来，明纬也在不断网罗多元的软硬件人才。

广州明纬研发经理胡敏强也表示，无论是对原机型进行性能提升、改款还是重新研发，都常常通过讨论进行合作，以视频或通信软件开会，一起研讨技术，运作十分顺畅。

"尤其我们在2020年初成立创新委员会，每周由产品经理、研发、业务等部门的主管举办创新会议，提出创新提报，签核后就落实执行，新冠肺炎疫情期间也不受影响。"胡敏强指出，创新会议的意义在于更能锚定发展大方向，在新产品开发上更能集思广益，精确掌握市场，而且更有前瞻性，更能凝聚共识。

"林先生从不缺席创新会议，期许'非常时期'练好内功，这样，等到成长机会再次出现，就能大步跃进。"

"过去，明纬比较注重硬件制造，未来将转型为软硬件结合，开发过去没有的新产品。"胡敏强提到，比如高压、高功率产品，就延伸出植物工厂照明、集鱼灯等应用，市场反应不错。

协力向外拓展，海外生产基地成形

在扩展实力的过程中，明纬积极投入海外拓厂，在这其中也可看出明纬三厂之间合作的努力。

广州明纬制造部经理吴松彬回忆，协助菲律宾与印度设厂，是其相当

第四部 航向未来
第十五章 凝聚大中华，放眼全世界

难得的经历。位于马尼拉近郊的明纬菲律宾厂，主要以组装插件为主，"最困难的就是新设生产线与工厂原来的生产流程不同，语言也有隔阂，如何在设厂生产过程中保持质量稳定，成为比较大的挑战。"

明纬一方面将配套作业流程与文件、规范都标准化，再集结广州厂与台湾总部的力量，接着又派出曾在台湾总部生产线工作的菲律宾籍人员技术支援，指导焊接等流程，顺利建立起首条海外生产线。

同样投入建立菲律宾与印度生产线的广州明纬运营经理颜君璞回忆，菲律宾厂筹设前期，就派出四人小组探勘，隔年再访一次。"一般贴片流程是由机器来做，但在菲律宾厂是由人工贴片，因此技术转移很重要。"

明纬在中国台湾总部原本就有菲律宾籍作业员，菲律宾要建立新生产线时，刚好有两位菲律宾籍作业员合约届满，这两位员工已在中国台湾工作9年，对明纬的生产流程与要求很熟悉，因此菲律宾厂就邀请这两位员工回国进行技术指导，派上用场。

"我们的模式是先由广州厂做好半成品，再运送到菲律宾进行插件组测，困难之处就是之前没有技术转移经验，包括零配件都需要支援，加上菲律宾的气候、文化、在地工作习性都不一样，这些都需要一一克服。"颜君璞回顾，在首次海外设厂上，采取台湾整合指挥，再由广州厂落实执行的策略，把重点放在调整质量和效率上，很快就展现出通力合作的成果。

沿用这样的拓厂模式，明纬也将触角伸向印度，在班加罗尔设立印度生产线，印度生产线已于2021年2月开工投产。

"在印度设厂，主要是考虑到印度的进口关税很高，因此倾向于自行投资生产，主攻印度内需市场。"颜君璞表示，选择到印度设厂并非因当地劳动力成本较低，在决定租下现成厂房后，由广州明纬输出生产设备与物料，初期投产后，再请印度厂将产品寄回明纬台湾总部与广州厂进行检核。

信赖伙伴的力量

"回顾整个过程，其实经历了无数次跨部门的沟通，关务、税务、技术、采购、原材料进口等都很复杂。"颜君璞笑着回顾，只要遇到困难，就把同事都拉进通讯群组讨论，这样就解决了很多问题，顺利建置起印度生产线。

营销更灵活，积极提高品牌认同度

不只持续拓展海内外产能，明纬还在两岸积极投入品牌再造，要让消费者记住"全球标准电源第一品牌"。

过去，明纬在大型展会上总是将焦点放在产品上，经过创新思维洗礼之后，现在他们聚焦"概念"。

"这一年来的展会，明纬除了推出直流高压产品因应市场需求外，也从自身角度提出观察：直流（DC）未来是否会取代交流（AC）？"蔡明志表示，"走进'2020台北国际电子产业科技展'的明纬展厅，你看到的不再是一台又一台的电源，而是以家庭应用为概念来设计的展馆，明纬特地请工程师设计DC直流插头，让展馆内的家用情境全都以直流驱动。"

"明纬在其他区域的展会，也会依此模式进行，我们想让市场看到明纬不只会做产品，更有深厚的实力，可以走在业界前端。"蔡明志指出，2020年由各单位组成创新委员会后，便积极探索未来的明纬可以做些什么。

"我们也想从原来的产品延伸出更多发展潜力，比方说储电设备的应用等，未来在集思广益之下，肯定还有很多可能性。"

而明纬不只探索新发展的可能性，积极扮演业界意见领袖与领头羊角色，营销手法也越来越灵活，让人感受到不同的气息。

明纬集团营销经理陈莉娟表示，2020年的展会陆续恢复举办后，明纬便开始大胆地在展会现场直播，让全世界都看到明纬的创意与努力。

第四部　航向未来

第十五章　凝聚大中华，放眼全世界

开直播是明纬营销团队想出的新点子，在公司上下得到很多支持，"2020年我们首次尝试在网络视频平台开直播，带领观众在展场巡礼，并加入小游戏，增加互动，也把网络视频平台的链接放进电子报，让明纬的伙伴更有参与感。"

而大陆地区的展会，便是明纬切入直播体验的首发地。

"我们除了联合 Powered by MEAN WELL 伙伴一起营销，也跟阿拉丁照明网等媒体合作。"负责执行第一场展会直播的广州明纬营销专员燕双回顾，当时在广州国际照明展览会现场首次投入直播时的确有点手忙脚乱，收音跟画面都有需要改进之处，但是以电子产品为主轴操作直播本来就很困难，因此每分每秒的直播都是很宝贵的经验。

"后来我们陆续又参加了中国国际工业博览会、中国国际进口博览会等，与医疗相关的展会也不断投入。"因此燕双很有感触，"观众的感受是最重要的，我们会在流程上多做设计，让观众参与起来感受更丰富。"

也因为在创新中积累了更多经验，到了台北国际电子展这一场，明纬营销团队便提前演练，除与PM准备好完整流程外，也预备了字卡等小道具，让直播内容更丰富、整个过程更顺畅。

"电子业虽然多是以B2B为主，但投入B2C的品牌经营，也能与大众更深入地结合。"陈莉娟表示，营销活动不断追求突破，正呼应了明纬追求品牌创新与品牌认同的目标。

◉打击侵权仿冒，持续努力不松懈

除了积极参与展会，明纬为建立鲜明形象与打假而推出的展售店也不断拓展规模。

广州明纬业务副总任翔指出，展售店目前在广东已拓展至20多家，而且展售店的开设区域已跨出广东，在福建、四川、湖南等地都开出新形

信赖伙伴的力量

态展售店，截至 2021 年 9 月，全国已有 47 家明纬展售店。展售店模式实施以来，有效打击了仿冒产品，明纬未来的目标就是锁定我国各主要城市、省会城市设立展售店。

"目前明纬展售店以申请制及遴选制等多重渠道并行，建立标准流程后就比较容易推展，也可以看到销售数字明显增长。"任翔特别指出，过去明纬面对相当严重的仿冒问题，但近年种种打假措施已逐渐显现成效。

比如，仿冒者的商标设计与明纬非常类似，又注册了商标，处理起来非常棘手。不过，在知识产权备受关注的趋势下，侵权官司也在近期尘埃落定，仿冒明纬商标的商家不但需要赔偿损失，还被裁决必须更名。另外，抄袭明纬产品、侵犯明纬专利权的商家也逐渐低头，有些也与明纬协议和解。

"这些都很具有象征意义，但我们还要继续努力，因为有些侵权行为更隐秘，更不容易防范。"因此，明纬必须建立更深、更广的市场触角，更积极地参与各种展会，让品牌更广为人知。

● 坚持本地化深耕，展现共同努力成果

未来，明纬两岸员工与明纬伙伴的合作将更趋紧密。广州明纬总经理王嘉豪打了个比喻，以两岸三厂来说，台湾总部就像大脑中枢，提出整体发展方向与经营策略，而广州、苏州两厂也在成长中越来越能独当一面，也越见发展弹性和发挥舞台，只要给予信任和认同，就能从激励中找出共同的方向与愿景。

明纬集团营运长陈玉钟也表示，虽然新冠肺炎疫情影响层面极广，但明纬发展方向并未改变。"要找到像大陆地区这么有效率而且有完整供应链的地方并不容易，因此深耕大陆市场是明纬不变的策略，也会持续加大投资。"

第十五章　凝聚大中华，放眼全世界

除了语言、文化、风俗都相通外，"明纬在大陆一向诚信经营，持续把大陆当作运营基地，也是理所当然。"陈玉钟特别勉励，新冠肺炎疫情来袭的 2020 年尽管处境艰难，但是结算下来，明纬全年业绩仍然达到 10 亿美元的预定目标，营业额甚至打破纪录，取得十分难得的亮眼成绩。

而这些，正是全体员工与明纬伙伴共同努力得来的成果。

明 MEAN WELL 纬
信赖伙伴的力量

附录1

合作伙伴感言：
互信无间，携手并进

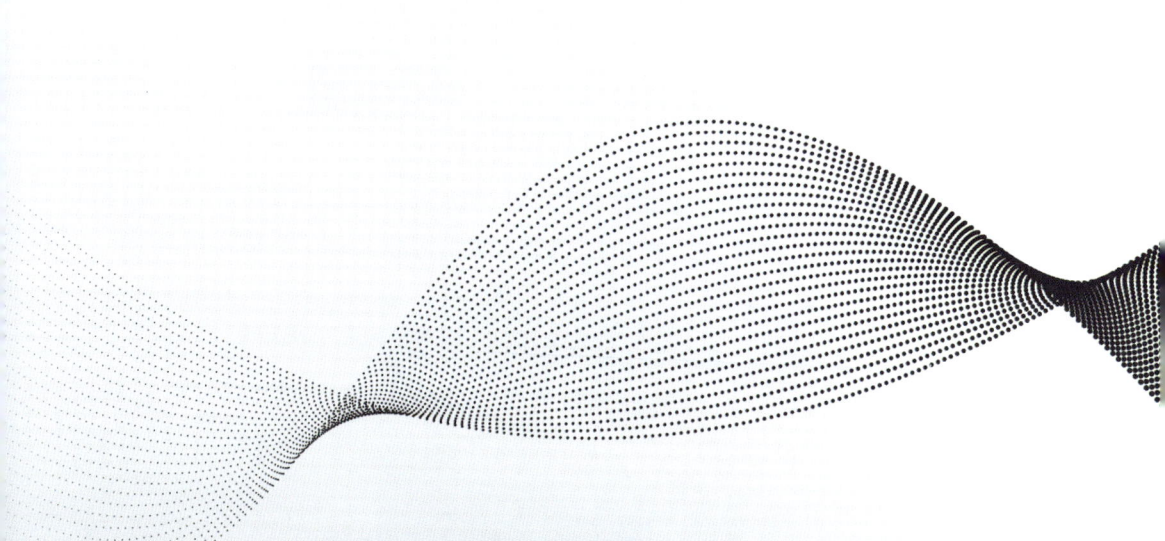

信赖伙伴的力量

很多深刻的感触，都是合作多年之下，涓滴累积而来。在明纬即将迈入创立40周年之际，各方合作伙伴回顾了彼此交往的点点滴滴，在深刻感动、不经意的小故事中，留下最美好的回忆，也为"信赖伙伴的力量"写下第一手的见证。让我们听听他们怎么说！

● 国内经销伙伴

【台湾·勤逢实业有限公司总经理　王健一】

赫尔曼·西蒙曾在书中说，"隐形冠军"企业是21世纪最被低估的竞争优势。阅读之中，立即联想到明纬这家公司。勤逢作为明纬经销体系的伙伴，这份伙伴关系于我而言，就如同相互谋策与帮助的密友。两家企业之间不仅有营销关系的整合、价格策略的共识、市场前瞻性的讨论，更多有对未来明纬的共同期盼。多年来，彼此早已成为相互尊重与信任的伙伴，而这份信赖，正是勤逢最大的依靠与后盾。无论是风平浪静还是狂风暴雨，我们共同展现掌舵者的腕力，撑起明纬与勤逢这条船，风雨同舟，同创共利双赢的里程碑。

【台湾·南桦电机有限公司总经理　陈德祥】

有两件事，让我对明纬的企业理念印象深刻。

有一次，明纬苏州厂生产的电源要从上海出货至台湾五股的仓库，并货后再出货到高雄给南桦，但质量检测不符合标准。原本可在五股厂重新QC（质量控制）后再出货，林先生却裁示全部退回苏州厂调整，相当于产生的成本要全部自行吸收。林先生宁可缺货得罪客户，也不对质量问题妥协，让我体会到这正是明纬建立品牌信赖的关键。

还有一次，则是明纬拒绝知名日本电子大厂的订单，将稳定的OEM（代工）订单拒之门外，这个决定更让我们这些经销伙伴意想不到。但事后明纬以实力证明，摆脱OEM（代工）、坚持自创品牌的选择是正确的，如今，明纬已成为全球知名大厂，产品在商场上家喻户晓，再次体现了一家成功企业的远见。与明纬一路携手走来，最后我想以这四句诗表达衷心的祝福与期许："明明白白做电源，纬大鸿图照五洲，慈善公益遍十方，共创未来得千秋。"

【台湾·中和碁电股份有限公司董事长特助　沈睿诚】

中和碁电与明纬合作超过30年，一直以来都保持着良好关系，就算彼此经营不同的产业与产品，但多年来，明纬的电源驱动器，无论是在机械工业、照明还是通信等领域，在市场开发上都是不可或缺的利器。

明纬一直以来强调"信赖伙伴"的理念，对我们来说，所谓伙伴包含了明纬、中和碁电与客户，而维系彼此信赖的就是专业的技术与服务。正因立基于专业，让我们可以通过明纬各单位的支持，尝试开发新产业，解决客户问题，进而取得客户信任。就如某次争取日本客户的电池优化设备开发案，客户在我们的推荐与评测后，首选使用明纬电源，却也提出更严苛、在原有规格之外的条件。因为信赖明纬的专业，我们答应客户的要求并向明纬提出规格要求，最后我们成功地在众多日系电源竞争中拿下订单。这样的案例不止一个，相信未来也会持续发生，依靠这股信赖伙伴的力量，我们不畏艰难，一起前行！

【台湾·铨品有限公司负责人　林大源】

明纬的企业理念是"心怀善意，做对的事"。一路走来，无论是在对人还是对事，甚至对社会付出的关爱和责任方面，明纬都是企业界的榜样。我想，这是我愿意成为明纬伙伴的最大原因。

铨品公司成立于1997年，一开始创办人林先生在西宁电子商场租了一间门市，主要销售进口开关，因客人询问电源驱动器的次数很多，觉得

信赖伙伴的力量

这是一个契机，1998年即成为明纬的经销商，在明纬的全力配合与指导下创造双赢局面。20多年来，铨品跟着明纬不断成长，参与每年的经销商会议、"我爱淡水河"活动、公益演唱会等，俨然已成为一家人。

如今，铨品的下一代逐步接手，新生代有新的想法与销售模式，相信与明纬的合作会有更多可能。明纬的林先生就如同我们的大家长，像长辈，也像朋友，带领铨品走过金融海啸和现在的新冠肺炎疫情，这种信赖让我们毫不迟疑地持续跟随，一同创造更美好的未来。

【湖北·武汉亚光电子有限公司副总经理　李小芬】

沈阳快捷测控技术有限公司1997年开始跟明纬合作，湖北武汉亚光电子有限公司则是在2007年开始与明纬合作。

我们两人（另一个是沈阳快捷测控技术有限公司总经理郝丽萍）最早都是从电子市场的柜台销售做起，因此从第一线就面对顾客，能很清楚地观察到市场的口碑和反应。回顾起来，我们对明纬的第一印象，就是它的售价比较高，不过因为产品都经过认证、保固，也比较容易取信于客户，这是很多竞争对手做不到的。

明纬的价格虽然高一些，但客户愿意回头购买，一方面是因为它的产品线齐全，这成为经销商制胜的关键；另一方面，它的大功率电源产品是优势，因为这一方面的产品，国内其他品牌很少能跟明纬竞争。

这么多年合作下来，我们对明纬有两个最深的印象，一是这家公司很包容，让人有身处在大家庭的温暖感觉；二是明纬高度重视专业，无论产品还是营销，处处都以其专业造就了它今日的成功。

【河南·河南澳达科技有限公司副总经理　高洪涛】

最早看到明纬产品，就觉得它像欧美厂牌，质量跟安全性都可靠。1992年我决定创业，刚开始只是分销电源产品，不过1998年有个机缘，郑州一家显示屏厂商——中原显示技术有限公司，拿到 2000 年澳大利亚悉尼奥运会主场馆的显示屏标案，采用的正是明纬 RSP-2000 大功率电源，我们也开始加速供应明纬电源。

2002 年，我第一次参加明纬的经销商会议去见林先生，这是怎么也忘不了的经历。当时我抵达广州，在火车站看到所有市民都戴上了口罩才知道，SARS 已在广州出现。我与明纬合作的开始，与这件大事相关联，让我非常难忘！

这么多年来，我对明纬的深刻感受就是对人从不"大小眼"（指区别对待），经销商也无高低之分。以前自己真的只是小角色，但当时就被当作合作伙伴诚心对待，我感到无比光荣，早认定了明纬是最佳合作伙伴，因此始终一心一意，只要工作还在自己手里，就会把它做到最好。

【广东·品鑫科技总经理　李峰】

从 2003 年到 2008 年，我在广州明纬整整待了 5 年，当时办公室还在天河区，最后担任的职务是华南区经理。那 5 年里最令我难忘的，就是到温州打假的经历。由于明纬相当受市场欢迎，因此仿冒猖獗，打完一个，又冒出无数个，就像小精灵游戏那样。我刚进明纬，就假扮香港商人去看货、查假并进行搜证。那时，我紧张得心脏都快跳出来了，整个过程惊心动魄，所幸后来成功完成任务，打赢了官司。

我离开明纬之后，隔了一阵子加入品鑫科技，成为品鑫的合伙人，由明纬的员工变成明纬的经销商，目前，我们旗下有广州、中山、深圳、佛山四家公司，一周 7 天，几乎每天都在不同的地方奔走。尤其 2008 年到 2011 年那段时间，我们的业绩每年翻倍，主要就是赶上了 LED 高速起飞的时机，我深刻感受到明纬成功的最关键因素就是深厚的"技术力"，因此，就算 LED 产品如今进入薄利期，明纬仍能在业界保持领先，其他技术力、研发力不够的品牌，则撑得相当辛苦。

信赖伙伴的力量

【陕西·陕西九星电子有限公司总经理　周文】

　　我之前在国企从事研发工作，原单位主要销售计算机，1994年决定出来创业时，交换式电源产品选择还很少，我是在展会上第一次见到明纬产品的。

　　1996年成为明纬试销商，我以50万元人民币的销售额为目标，不过只做到30万，幸好后来业绩不断增长，渐渐成长；1998年，我的弟弟也随着我的脚步加入明纬经销伙伴行列，成为四川经销商。

　　明纬做事，乍一看并不特别快，但回头看，总比别人稳健，让人安心，使人产生特别高的信任感。尤其它还是一家很厚道的公司，比如，我们花了3年时间去调整四川市场才达到比较理想的状态，但明纬愿意给我们机会，不会因业绩不好就马上更换经销商，我可以感受到明纬就是凭着这种"意正心诚"，吸引了这么多志同道合的伙伴全力支持它。

　　林先生本身就是明纬从不断电的电源，非常有拼劲，他会慢慢引导、培训经销商，并对经销商产生潜移默化的影响。我印象最深的记忆，就是在珠海召开经销商会议，他也跟我们一起去坐云霄飞车，跟我们打成一片。还有一次，他本来计划去西藏旅行，然后再顺道造访西安，后来尽管西藏之行因故取消，他还是特地从台湾飞到西安来跟我们见面，显示出他重视承诺、言出必行的本心。

【江苏·苏州自动化设备有限公司总经理　高国斌】

　　2000年，我到苏州创业，开始代理明纬的产品，一开始我们并没有稳定的客源，还得从黄页里一家一家找客户，不过明纬的产品市场反映很好，两年后我们稳定起飞，到2019年，年营业额已达1亿元人民币，并以LED产业及苹果供应链为主要销售客户。

　　20多年的时光里，我对明纬最深的感受，就是明纬强调没有明星员工，靠的是团队合作，因此面对困难，反应格外迅速，像是2019年"苹果"

公司产品供应商遇到交货期问题，明纬就动员了台湾、广州、苏州三厂合力解决，充分展现出团队合作的力量与默契。

【天津·天津泰德力科技总经理 赵廷璧】

我跟明纬合作已有 15 个年头。早在 1989 年大学毕业进入水力发电厂研究部门时，我就跟电源结下渊源，当时服务单位采用的正是明纬的产品，因此最早接触明纬时，我还是"使用者"，就对它的质量留下了深刻印象。

我在 2006 年创业时，马上就想到销售明纬的电源产品。当时背负着资金与销售双重压力，总担心究竟如何才能卖得完，压力大到吃不下饭，身体免疫力也开始出现问题。

令我难忘的是，明纬给了我很多建议和协助，2007 年时，我还是"菜鸟"经销商，也就是试销商，就获得邀请参加经销商会议，让我不仅受宠若惊，而且相当感动。

当时在上海的黄浦江游船上，身边环绕着浦东与浦西，在中国高速崛起的场景中，林先生坚定地对我说："要相信明纬！"那时，我还不了解其中的意义，一直到后来，在实际销售产品的过程中，才体会到明纬除了产品质量俱佳，每一台都是良品，伙伴彼此信赖更为彼此的长久合作奠定了基础。

天津泰德力的业务，目前约有一成是德国品牌的销售，但其实公司里高达九成的业绩都来自明纬系列产品。很多人以为德国品牌一定比较好，但其实明纬一样好，甚至更好！

经过这么多年合作，我才体会到，当时在游船上，为何林先生要我信任明纬人以及明纬产品。打个比喻来说，明纬与经销商确实就像是同一条船上的伙伴，互相信赖，才能走得更稳更远，这就是信赖伙伴的力量。

信赖伙伴的力量

国外经销伙伴

【马来西亚·Powernics Sales Sdn Bhd 总经理　李运发】

我之前在日本电源企业工作，做业务和营销，后来想自己创业，知道明纬名声特别好，接触后也发现明纬服务确实做得很好，因此1993年开始在马来西亚经销明纬电源。目前，我们公司只销售明纬产品，也特别支持明纬，双方互信度特别高，我自己后来也变成（中国）台湾女婿，太太正是明纬的员工，彼此的关系更深了一层。

也许这就是所谓命运吧！现在我每两个月来一次台湾，女儿也在这里，不论工作还是生活，我都与中国台湾、与明纬紧密相系。

在我看来，明纬是一家很重感情的公司，但也很讲绩效，并能做到两者平衡，因此可以成功。现在我说两个小故事，来回顾我跟明纬的渊源吧。

第一件事是1999年，林先生亲自飞到马来西亚与我们经销商会面，从早上九点开始谈，中午点了外卖吃比萨，边吃边谈，谈到赖小姐（林国栋夫人）都有点累了，就在旁边趴下来小歇一会儿，不过林先生依然很有兴致，问了很多当地市场、竞争对手等细节性问题，一直谈到下午六七点，赖小姐提醒他大家饿了该吃晚餐了才结束。

另一件事也很特别，那是2014年召开分销商会议的经历。我从吉隆坡机场去接由新加坡转机过来的中国台湾明纬员工，在机场到市区的路上，一群人看到路边有沙嗲店，马上提议要吃一顿。结果一伙人叫了一大桌子菜，原本我怕太辣，担心大家吃不习惯，也怕分量太多吃不完，没想到大家把整桌菜一扫而光，我这才知道，原来他们虽住金沙酒店，但所有人一早就忙着开会，后来又直接飞到吉隆坡，根本没吃早餐。

你从这些小事就可以看出，明纬人对工作有多么投入！

【意大利·DigiMax 营运长　马西莫·蒂拉佩勒】

回想起来，我最早是在产品型录以及中国台北电子展与中国香港电子展注意到明纬的，20多年合作下来，我觉得明纬人已经像我的家人一样！

在我的工作生涯中，很少看到像 Jerry 这样个性的人。1995年初次见面时，他才31岁，充满活力，也很会启发别人。他总是全心投入事业，关心如何稳定成长，而且始终如一，相信可靠稳固的伙伴关系才会形成生命共同体，我想从他身上学习很多东西，也把他当作导师一般。

他很特别的一点，就是始终与经销商保持友好，但也懂得在经销商之间创造竞争、激发进步，这是很不容易拿捏的学问。我认为他很会用同理心去思考，如果是我，肯定也会做出同样的决定。

Jerry 很有自己的想法，也许不会一开始就把所有意见都采纳，但他会倾听，而且会思考，会广泛研究各种意见，并把市场的走向也考虑进来。最重要的是，只要有需要，你一定找得到他，随时都能跟他沟通想法。他总是那么态度谦和，面带微笑，为我们带来正能量。

【意大利·Eurotek 公司创办人　罗伯托·西蒙尼尼】

我跟 Jerry 是在中国台北电子展上相识的，合作已有30年。我们年纪相近，Jerry 只大我一岁。去台北之前，我就已经从业界杂志等渠道得知明纬的产品，因此特地前往拜访。

我们本来就有自己的电源产品生产线，但后来决定专攻代理，锁定自动化设备厂商的利基市场。现在明纬电源在意大利市场已经遍及医疗、照明、保全、通信、塑料、食品等产业，而且2010年切入 LED 产业后，刚好遇上金融危机后的谷底反弹，因此迎来了业绩大爆发，目前明纬产品的销售量已占到公司产品总销量的65%。

价格合理、质量稳定、存货量充足、在欧洲设有分公司……这些都是明纬的优点。不过我认为，明纬最大的优势是产品线完整，可以提供周全的服务，尤其明纬电源主动参与国际认证，更是难以忽视的优势。

【以色列·Advice 公司创办人　伊莱·纳楚姆】

我与明纬合作，是从 1995 年开始的，当时两家公司都还很小，但经过多年的发展，两家公司都有了很大的进步。我的公司不久前庆祝了成立 30 周年，不但产品销售遍及全以色列，在业务上，也从早期聚焦通信，到后来扩增至照明、医疗、工业用产品，成为以色列的电源产品专家，尤其为客户量身定制最佳电源解决方案，如监视器、军用车充系统、电信交换机、工业用电源，都是我们的强项。

以军用车充系统来说，为了适应各种酷寒、酷热等环境，必须打造更耐用的电源系统，而 Advice 就可由现有的标准电源进行改装，调整出最适合客户需求的产品，明纬也因产品质量好、特别耐用，成为我们的长期合作伙伴。

我对 Jerry 最深的印象，就是他说到做到的性格，而且他总是很愿意倾听，对合作中的细节都几乎全程参与。相识多年来，我认为明纬相当专业，很容易合作，与西方企业的风格相近。

不过我更认为，我们之所以能形成很好的伙伴关系，是因为能分享共同的价值，彼此信赖，因为在我们希伯来文化中，"信任"也是被高度珍视的价值，没有了信任，就绝对做不成生意！

【俄罗斯·Eltech 公司创办人及 CEO　安德烈·佩雷古德】

我们在俄罗斯是电源供应第一品牌，现在 80% 的业务聚焦于照明产品。我们最早在 2003 年开始与明纬合作，发现明纬的优点就是性价比特别高，而且后来我们也慢慢感受到，一般公司，尤其是美国品牌，只出售产品却不提供服务，反观明纬，不但产品质量佳，提供的服务也很周到，因此能让我们形成稳固的伙伴关系。

此外，明纬对解决问题的积极态度，也令我印象非常深刻，比如我们之前遇到产品认证问题，明纬马上就想办法着手解决，非常爽快。明纬对经销商伙伴也特别贴心，比如会保障我们经销商的利润，这点就相当难能可贵。

供应商及合作伙伴

【意法半导体亚太区项目经理　张之恩】

林国栋先生的意正心诚，是具有感染力的心怀善意，也让我们看到成功企业的目标，不一定只是追求利润，心怀善意、以诚相待也是企业永续经营非常重要的元素。这种以诚相待的核心价值，能激发出团队的向心力，并带出信赖伙伴的力量。身为与明纬长期配合的策略性供应商，我们不断被明纬的企业文化与精神感动，以自己最有竞争力的产品来服务明纬，一起创造共荣共好的长期伙伴关系。

【华新科技总经理　彭俊雄】

华新科技与明纬有多年的密切合作，不过之前对明纬一直没有特别的印象，只认定它始终稳定与持续成长。直到有一天，我们接到明纬缩减货款的通知，感觉非常难以置信。这是我们第一次，也是唯一的一次接到客户主动缩减货款的通知，除了觉得不可思议，也实实在在感受到明纬真心诚意把我们当作伙伴的用心。

听林先生说故事，也是独特的经历，不仅可以了解明纬持续成长的养分与动力，也可以领略林先生的智慧，他坚持的"心怀善意"是推动事物发展的源头，"意念正当"则是持续行动的能量！

【德州仪器业务总监　王怀智】

在与明纬合作期间，我们曾有机会安排林先生与明纬的高级主管参访

信赖伙伴的力量

德州仪器位于中国台湾中和的半导体封装测试厂。过程中，最令我印象深刻的，是他的好奇心与锲而不舍的态度，对于半导体封装测试的工艺，尤其是跨产业领域与专业分工的半导体制造细节，他都能像剥洋葱一般，层层抽丝剥茧，试着了解每个制程背后的WHY & HOW（为什么和怎么回事）。

这让我感受到企业领导者强烈的求知欲与终身学习的特质。领导者乐于学习、研究与自身角色和领域相关的主题，才能成为面面俱到、知识丰富的人，进而整合各领域加以善用，这样的典范确实是业界学习的楷模，很感谢林先生给我们上了一堂言教与身教的课。

【远见电子股份有限公司营运总经理　郭致成】

每个人在生活或工作中，都会遭遇一些挫折，如果此时能遇到帮助我们的贵人，是一件何其有幸的事。我们公司成立初期，就幸运地成为明纬的新供应商，一个个料号、一个个机种，逐步得到认可与量产后，成为我们运营迈向稳健的支柱。

2013年秋天，远见电子马董事长带着我一起参加明纬年度供应商大会，林先生听完我的简单自我介绍后，看着我笑笑说："Jack，要做明纬供应商，你要确保至少可以经营10年以上喔！我们把供应商当伙伴看待，希望能相互支持，一起成长，千万不要用短期心态来看待这个合作！"

作为一家新成立的公司，我们常常需要到国外出差拜访客户或参展，来争取新客户或增加曝光度。2016年11月，我跟同事结束慕尼黑电子展首日行程，到饭店附近的一家中式餐馆就餐，刚坐下来就看到五六位华人走进来，其中有一张熟悉的面孔，正是明纬的林先生。

林先生在我们隔壁桌坐下后，就转身与我聊起参展情况、国外不同市场的文化差异，以及如何经营客户等，他只顾着聊天都忘了吃饭，直到明纬欧洲区同仁提醒才打住。临别，林先生还不忘鼓励我："Jack，一个企业要想做大、做强，必须能打'世界杯'，好好加油！"

其实，我们参与明纬的新案设计，已经是在打"世界杯"了。明纬的客户涵盖汽车、火车等交通照明，体育场及大型运动会的户外照明，医疗相关产品以及近几年很流行的植物工厂照明等领域，可以说涵盖了所有日常生活领域，而且多年来始终是中国本土、日本及欧洲三大市场的户外照明用标准电源第一名。

作为中国台湾的"隐形冠军"，明纬从 2018 年起已连续两年营业额超过 10 亿美元，但林先生仍然在 2018 年启动了"超越与创新"计划，进一步增强企业的竞争力，我想这也是明纬能长期位居标准电源全球第一的原因吧！

【安森美半导体电源应用业务主管　谢秾懋】

2019 年 9 月 10 日，这是一个值得纪念的日子。这一天，我们第一次和明纬策略采购代表 Joseph Lin 一起出差，拜访我们位于美国亚利桑那州凤凰城的总部。我们的美国同事，过去虽也曾多次到中国台湾拜访明纬，但这是双方首度在美国洽谈，大家一起讨论未来的合作机会和产品策略，一起在工作结束后去享受比脸还大的牛排配啤酒，伙伴关系真的不是嘴巴说说而已。明纬的实际行动与用心，让我印象深刻、大开眼界。

【威佳集团董事长　吴荣武】

谈起明纬，总是想起总裁林国栋的为人谦和，给人的感觉就是安心、信任！他树立心怀善意的品牌精神，指引团队一路前行，意正心诚的核心价值，更带领明纬成为全球标准电源领航者。

威佳集团在苏州的公司是威铭电子有限公司，简称 WM，与明纬的简称 MW 刚好相互呼应。当然，这不是刻意为之，而是一种巧合！但是威铭也跟明纬一样，始终有自己坚定的方针，不遗余力与明纬合作，才能有今天的双赢局面。

信赖伙伴的力量

在业务上，我们配合明纬的产能要求，从一天几百台到一天几万台，彼此紧密相系。在市场上，我们也极力配合明纬的成本调整。在技术面，我们积极跟上明纬的机型升级和研发提升，从贴片机的更新换代到人工操作检验升级为自动光学检验等，凡此种种，不一而足。从单一的 AI、SMT 加工，到后段组装配合，从而延伸至质量面，确保明纬的产品保持领先。

一路走来，从苏州到广州，两家公司的足迹相互交映，共同在发展道路上向前奋进。

明纬今天能取得这样的成就，有几点非常关键。一是信赖，明纬对第三方和合作伙伴始终如一，以诚相待，将儒家的道德理念融会贯通，将信赖升华到另一个境界。

二是引领。明纬从一开始就极为关心第三方的运营状况。俗话说，"一花独放不是春，百花齐放春满园"，威铭人最津津乐道的，便是林总裁来苏州威铭，总是亲切地问我们："订单怎么样？够不够生产？赚不赚钱？"这深刻体现了企业之间共好的哲学。

三是创新，明纬的机型不断开发升级，从未间断，产品达上万种，竞争力自然不能小觑！

【广州海世电子公司总经理　相碧莲】

回想 2004 年初，海世从台湾到广州，成为明纬的专业自动化生产协力厂时，因初到陌生环境，万事起头难，资金周转更是迫切问题。我们非常感谢当时明纬协助筹办公司相关事宜，甚至提前预支加工费用，解了我们的燃眉之急。

林总裁每次到广州视察，必主动关怀、指导海世，海世成立之初只有 11 名员工、3 座机台，到如今员工已有 52 名，机台有 20 座，并斥资购入全自动贴片机，以配合明纬新产品的制程改变，见证了彼此的合作与共同成长。

17年来，我们亲见明纬以惊人的速度飞速发展，先后在苏州及广州兴建厂房，产能每年至少提升20%以上，业务遍及全世界，成为全球工业用电源知名品牌，这在业界并非易事。

海世能在广州立足生根，也是因为有明纬的鼎力支持，因此我们信任明纬的初衷从未动摇，并以能成为明纬大家庭的一分子而感到与有荣焉。我相信，明纬未来一定能再度自我超越，而作为协力厂的海世也必定全力配合，共创双赢。

【耀锋金属制品有限公司董事长　梁耀敏】

和明纬结缘，是在1995年春季，当时我们公司成立才第二年，员工40多名，主要生产大型电器开关柜和音响器材的外壳五金件，广州明纬总经理翁先生和厂长尹先生到访，洽谈502和602等机型的电源器外壳加工。

一周之后，我们在明纬办公室再次碰面，翁先生拿着我送过去的外壳样品，一阵端详后表示："很好啊！和台湾做的没什么两样！"如此一句肯定，给了我极大的鼓舞和信心，也从此开启了我们公司和明纬合作的第一步。

从这些年的交流中，我对林总裁的印象特别深刻，尤其对明纬"意正心诚""心怀善意"的企业文化格外敬佩；而明纬的企业文化、经营理念、质量政策，也一直影响着我个人及耀锋，驱策我们不断学习成长。

能够成为彼此信赖的伙伴，其实并不容易，合作20多年来，我们彼此不断磨合，相互激励。记得1995年刚开始合作时，明纬下的订单数量少，而且交货期短，质量要求却很高，由于当时喷涂厂不多，能达到质量要求的厂商少之又少，所以经常会不得已把交货期拖到最后，通常是晚上十一二点才把货送到明纬，尹厂长凌晨收货，也从无怨言，实在非常感谢明纬的包容。

信赖伙伴的力量

我印象尤其深刻的是，做 902 电源产品时，得用到 1.6 毫米厚铝板，当时这种材料表面要求极高，根本找不到合适的，但为了达到明纬的要求，我们跑遍了整个佛山地区，后来几经周折，才找到铝厂，进行单独定制。

回想起来，正是这种负责任、对标准严格要求的务实认真，使我们对彼此有了信赖基础，接着合作扩展到 2004 年与台湾明纬、2007 年与苏州明纬的诸项计划。

这期间，耀锋由占地 400 多平方米的小小华联厂，历经 3 次扩大搬迁，成为现在厂房面积 2 万多平方米、员工近 300 人的佛山市耀锋金属制品有限公司，一路走来，我们始终见证着彼此的成长与改变。

【增你强股份有限公司董事长　周友义】

明纬与增你强，都在 1982 年创立，不但一起打拼奋斗，也同样都把员工当成自己的家人。现在增你强员工人数已达 700 人，明纬的全球员工人数更是逼近 3000 人，两家公司都以节俭、努力起家，创建团结合作的大家庭。

明纬的林董事长有两件事让我非常钦佩。第一，他是一位非常有干劲的领导者；第二，他非常简朴、平易近人。如果你与林董事长在路上擦身而过，可能不会发现他正是全球电源驱动器领航大厂的创办人，他从不追求名牌，总是轻松地穿着夹克外套、球鞋，吃得简单，不爱应酬，这么多年来一直秉持着当年那份正诚勤俭的精神。

而我们两家同年成立的公司，一路走来始终相挺。明纬从一开始的 Linear Power Supply（线性电源）转为 Switching Power Supply（交换式电源），再从 PC（个人计算机）用电源转而专注于工业用电源，并以 MEAN WELL 自有品牌驰名全球。

30 多年来，增你强稳定提供欧、美、日等国际大厂各类主被动组件，交货时间也令人放心，让明纬能专注于电源驱动器本业的研发设计；此外，增你强的现场应用工程师，亦提供实时的产品设计咨询服务，提供电性能测试等技术支持，帮助明纬缩短产品上市时间，两家公司早已成为密不可分的合作伙伴。

尤其明纬关注供应商的未来发展，时时刻刻关怀产品设计是否照顾到供应商，并将供应商的产品设计到新开发的机型中。犹记得深夜 10 点时，明纬研发实验室依旧灯火通明，林董事长亲自到现场关心增你强团队的产品研发是否遇到困难，真心对待供应商伙伴，就如同对待自己的员工、子女一般。

近几年市场变化加大，明纬与增你强更是彼此相挺，共克时艰，一起渡过每一个难关。中美贸易战、新冠肺炎疫情期间，增你强充分掌握货源，提供 Just In Time（及时化生产）的供货支持，切实满足明纬"少量多样"的电源产品需求，保证货源无虞。

将近 40 年的时间里，增你强与明纬一步一个脚印，营收皆达到 10 亿美元，不仅在本质上做好质量把关、运筹管理、员工照顾，也不忘秉持取之于社会、回馈于社会的理念，积极从事公益慈善活动。

犹记得林董事长曾提及，"淡水河穿过台北、新北市，是孕育中国台湾北部发展的重要河川，象征大台北地区的母亲河。"增你强感同身受，决定"自己做，不如大家携手一起做"，因此自 2011 年世界地球日起，参加明纬于淡水河沿岸举办的"我爱淡水河"环保公益系列活动。

近 40 年的事业伙伴，除了是一路相挺的好朋友、好兄弟，未来的日子里，也期待与明纬携手再创造无限的可能。

【勤业众信联合会计师事务所会计师　王锦燕】

台湾金融监督管理委员会（简称金管会），是台湾地区公开发行公司的财务报表暨内部控制主管机关，而明纬由于属于非公开发行公司，为了取信于股东、落实公司治理，并与国际接轨，因此接受本人建议，采用国际准则编制财务报表（公开发行公司适用），另亦委托本所以公开发行公司的标准，严格查核公司内部控制。

　　林董事长一再叮咛，务必以查核公开发行公司的标准要求明纬，来作明纬的"金管会"，督促明纬强化内部控制及财务报表，落实公司各项制度，并强调信息的透明，以赢得员工、厂商、客户及股东的信赖，成为未来永续经营的依据。

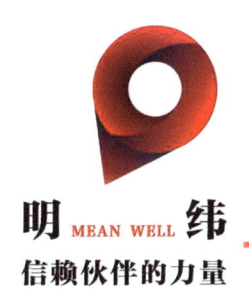

明 MEAN WELL 纬
信赖伙伴的力量

附录2

明纬成长大事记

信赖伙伴的力量

1982

明纬企业股份有限公司成立于中国台湾板桥市

1984

生产IBM计算机交换式电源驱动器

1986

生产工业用交换式电源驱动器

1991

台湾明纬迁至新庄旧厂

1992

推行计算机化，建立计算机管理信息系统（MIS）

1993

· 推行全面质量管理制度（TQM）

· 明纬（广州）电子有限公司成立

附录2　明纬成长大事记

1994
获得国际品保 ISO 9001 认证（TUV）

1997
成立联源国际公司

2002
台湾明纬迁至新北市五股区五权三路28号（总部现址）

2006
· 苏州明纬科技有限公司成立

· MEAN WELL 欧洲分公司，于荷兰阿姆斯特尔芬市成立

1995
推行产品 CE 认证

1999
MEAN WELL 美国分公司，于加州菲蒙市成立

2004
导入绿色产品/RoHS/无铅制程与设备

2005
实施 ERP 系统

· 233 ·

● **信赖伙伴的力量**

2013
· 台湾厂及苏州厂通过ISO 14001—2004环境验证体系认证
· 成立深圳办事处

2016
广州明纬花都新厂正式运营

2007
明纬（广州）电子有限公司荣获高新技术企业认证

于苏州举办首次全球经销商大会

2010
于台湾南投日月潭举办首次两岸经销商会议

2017
· 美国东部办公室成立

· 东南亚国家协理办事处于吉隆坡成立

2015
台湾厂及苏州厂通过OHSAS 18001 安全卫生管理体系认证

· 俄罗斯办事处于圣彼得堡成立

附录2　明纬成长大事记

2018
· 合并营收达10.07亿美元

· 韩国办事处于首尔成立

2020
· 于印度班加罗尔成立印度明纬

· 在原明纬创立地址成立明纬公益基金会小区关怀据点——阿公家

2019
在美国密苏里州堪萨斯市设立新仓库

明 MEAN WELL 纬
信赖伙伴的力量

附录3

明纬产品发展沿革

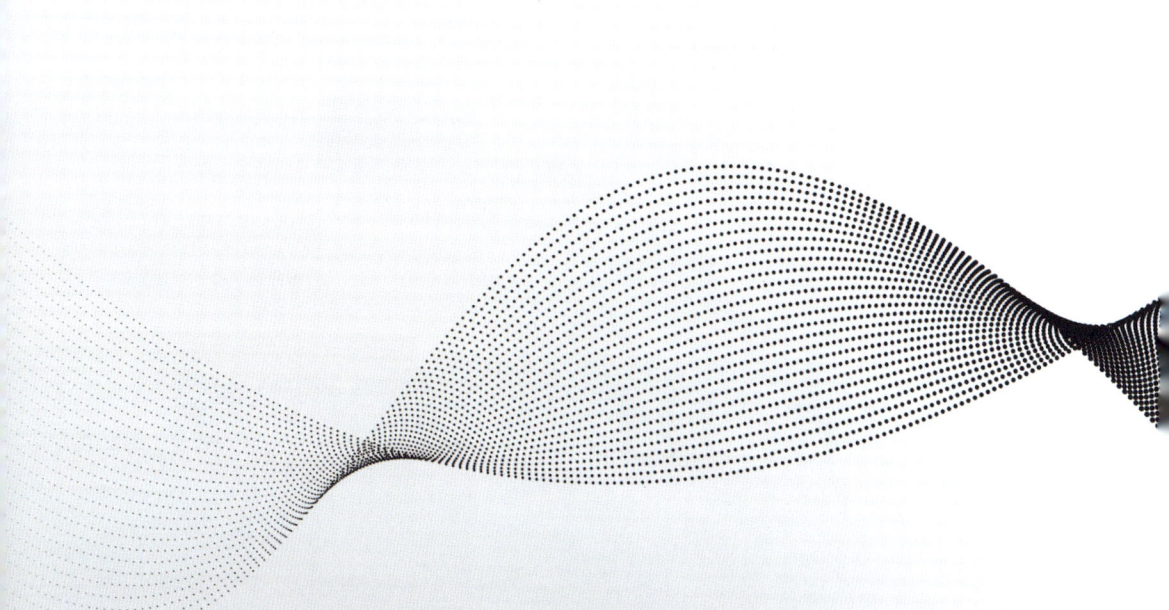

信赖伙伴的力量

第一代工业用机壳标准电源供应器

G1、G2、G3、NES、G5、LRS世代交替，其外壳901/902/903成为工业用电源产业标准，建立工业用机壳标准电源领导地位，为同业竞相仿造的长青机种

1986
G1 家族—S-50/S-100/S-35

开发内建主动式PFC工业电源

电源技术再升级，采用主动式PFC技术，输入电压全范围与符合CE谐波规范

1996
SP-300

业界第一台LED标准驱动电源诞生

领先业界推出第一款防水LED电源，陆续推出HLG、HBG、ELG、XLG家族，并跃升明纬电源第一大产品线，明纬也成为标准电源的代名词，国际品牌知名度大幅提升

2006
CLG-100

G2 家族—S-100F
1990

产品取得CE 认证，打开欧洲市场

正式取得进入欧洲市场的门票，靠着优异的性价比抢得滩头堡，引领明纬迈向国际市场

DR45
2000

推出轨道式电源供应器（Din-Rail Power）

正式切入过去欧系品牌独占的轨道式电源市场，奠定明纬在欧洲市场的地位

MP650
2008

推出第一台模块化电源

朝高端电源技术发展，推出第一代模块（MODULAR）电源，可通过次级输出模块的任意组合搭配，依用户需求自行搭配多路输出模块

SDR-240
2008

导入LLC 高效率线路架构，效率达94%

明纬技术突破导入LLC高效率线路架构，效率高达94%，并广泛用于LED驱动电源与高端电源开发，奠定电源技术里程碑

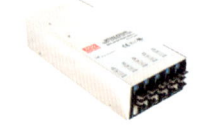

附录 3 明纬产品发展沿革

推出第一台铁道专用电源

产品取得铁道专用电源法规，且应用自动箝位技术，最高效率达93%

推出小型化楼宇控制电源

领先世界推出全球同类型产品最小体积的KNX总线电源，正式跨入楼宇智能化与自动化领域

高端电源再升级：医疗级模块化电源

较前一代模块化电源体积缩小近60%，并具备多种智能与电气控制及通用功能，朝高端模块式电源技术研发发展

2011
RSD-100

2016
KNX-20E

2018
NMP-1K2

LCM-40/60DA
2012

LED 电源导入DALI 数字调光技术

调光技术导入DALI（Digital Addressable Lighting Interface）数字调光技术，提供更完整的LED灯光调控方式

DRP-3200
2017

推出第一台全数字控制电源

结合电源管理人机通信接口及网络监控电气参数并同步推出具数字化控制的 Rack 型电源及 Rack 型充电器，实现智能电源的长期目标

PHP-3500
2019

推出独家水冷技术结合数字电源驱动器

数字电源再进化，达96%高转换效率，并采用独家的无风扇水冷散热方式，树立业界标杆，结合UHP传导式无风扇散热家族系列，建立工业用标准电源产业散热技术新标准

LCM-KN系列
2019

全球第一台KNX 楼宇自动化协议LED电源

驱动电源独步全球，推出全球第一款具备结合DALI 调光技术与楼宇自动化KNX 协议的LED 驱动电源系列

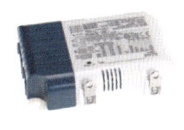

· 239 ·